Oldenbourg Interpretationen

Herausgegeben von
Klaus-Michael Bogdal und Clemens Kammler

begründet von
Rupert Hirschenauer (†) und Albrecht Weber

Band 34

Georg Büchner

Dantons Tod

Interpretation von
Werner Frizen

Oldenbourg

Büchners Werke werden nach dem Wortlaut der „Münchner Ausgabe" zitiert: Georg Büchner, *Werke und Briefe*, hg. v. Karl Pörnbacher, Gerhard Schaub, Hans-Joachim Simm u. Edda Ziegler, München 1988 (dtv 2202)
Die Seitenangabe nach dem Schrägstrich verweist auf die Reclam-Ausgabe von *Dantons Tod*, Stuttgart 1986 (RUB 8104)

CIP-Titelaufnahme der Deutschen Bibliothek

Frizen, Werner:
Georg Büchner, Dantons Tod : Interpretation / von Werner Frizen. – 1. Aufl. – München : Oldenbourg, 1990
(Oldenbourg-Interpretationen ; Bd. 34)
ISBN 3-486-88633-9
NE: GT

1. Auflage 1990
Unveränderter Nachdruck 99 98 97 96 95

Die letzte Zahl bezeichnet das Jahr des Drucks.

Lektorat: Ruth Bornefeld
Herstellung: Karina Hack
Umschlaggestaltung: Klaus Hentschke
Gesamtherstellung: Wagner GmbH, Nördlingen

ISBN: 3-486-**88633**-9

Inhalt

Vorbemerkung

„Sie fragen mich nach meinen geistigen Ahnen: Büchner, Büchner, immer wieder Georg Büchner. Von ihm kommt alles her." (Günter Grass) — So oder ähnlich absolut hätte heute mancher sich seiner Verwandtschaft zu rühmen. Grass preist Büchner (1958) als Vater des Absurden; und gleich ihm hat jeder das Seinige bei Büchner gefunden: von ihm, von einem unfertigen Text und einem unfertigen Leben, kommt ja „alles" her. 1837, in seinem Nekrolog, wußte Gutzkow schon, daß er „ein Kind der neuen Zeit" betrauerte — besser hätte er gesagt: deren Vater. Warum er dazu geworden ist, diese Frage der Nachgeborenen läßt viele Antworten zu. Hier wird eine gesucht, die 1851 Büchners Freund, Wilhelm Schulz, schon gegeben hat: „Aber seine durch und durch skeptische Natur ließ ihn auch seinen Zweifel bezweifeln (...)." So hätte denn Büchner eine Cartesische Wende eigener Art gefunden. —

Beschränkungen waren – weil alles von ihm herkommt – unvermeidlich. Der Leser wird manches vermissen – so eine differenziertere Betrachtung der Nebenfiguren oder eine Darstellung deutscher und hessischer Zustände zur Zeit Büchners. Verwiesen sei auf die einschlägigen Darstellungen der Geschichtswissenschaft wie auch auf Gerhard Schaubs *Georg Büchner/Friedrich Ludwig Weidig, „Der Hessische Landbote"* (München 1976) und Wilhelm Großes *Woyzeck – Der Hessische Landbote* (Oldenbourg-Interpretationen, Bd. 6). Nach Kräften wird auf die kritische Literatur verwiesen, ohne auch nur annähernd dem Ideal der Vollständigkeit frönen zu können. –

Ich danke Sibille Westerkamp und Rainer Runge für ihre Unterstützung.

1
Die erste Szene

Struktur:
Die Szene, in klassischen Zeitläuften ein Tempel oder ein Palast, ist wohl – Büchner nennt den Ort nicht – das Palais Royal. Ein Geschichtsdrama – eine durch die klassizistische Tradition von Aristoteles' Zeiten an geheiligte Dichtungsart – mit einer „Bordell"szene beginnen zu lassen war 1835 ein gezielter Schlag ins säuberlich gepflegte Moralkontor des biedermeierlich gestimmten Publikums. Der heutige, nachbrechtsche Betrachter verwundert sich über anderes, etwa über die virtuose und illusionslose Art, mit der hier ein 22jähriger Anfänger mit den Möglichkeiten des Illusionstheaters spielt. Ohne Exposition beginnend, simuliert es einen unmittelbaren Übergang aus der Realität in die Fiktion. Dantons erstes Wort tut aber bloß so, als sei das Drama fortgesetzte Wirklichkeit: „Sieh die hübsche Dame, wie artig sie die Karten dreht!" (69/5) Diese Worte sprechen ja gleich vom Spiel und heben die andere, die spielerische Wirklichkeit des Theaters ins Bewußtsein, und zwar so konsequent, daß die Szene endet, wie sie begonnen: mit einem Wort vom Spiel.[1] Die Szene rundet sich[2] und schließt sich gegen die Politik, von der in ihrem Mittelteil die Rede ist, hermetisch ab. Die Szenenschnitte teilen den Ablauf in drei Segmente, trotzdem sind die beiden zentralen Vorgänge simultan zu denken: das Spiel der Damen und die Diskussion der Freunde über die ideale Republik; beides spricht nicht nur für sich, sondern eines kommentiert das andere. Eine übliche Haupt- und Staatsaktion ist nach einem solchen spielerischen Eingang nicht mehr zu erwarten. Und am Ende wird das Politische mit ins Spielerische hineingezogen; Danton würde, wenn er handeln sollte, „bloß zum Zeitvertreib" handeln, „wie man Schach spielt" (72/8). Die politische Information im Zentrum der Szene (das Guillotinenmorden geht auch nach der Hinrichtung der ultrarevolutionären Hébertisten ungehemmt weiter) bedeutet für Danton und die Dantonisten akute Gefahr, denn nun geraten sie in die Rolle der Gegner Robespierres. Diese so wichtige Information, die als Motor der Handlung dienen könnte, wird eingebettet in eine Atmosphäre von Erotik, Spiel und Tändelei, von Laszivität, Langeweile, Wortwitz und Zufälligkeiten, daß der Zuschauer weit davon ent-

fernt ist, hier den Atem der großen Geschichte zu spüren. Denn Danton wird trotz der Appelle der Freunde nicht handeln.

Raum und Zeit:

Von Zeit ist nicht die Rede, nur von „Zeitvertreib", und das ist ein Umgang mit der Zeit, der sich nicht messen läßt. Die historische Zeit kommt nur in Anspielungen vor; eine exakte Zeitangabe fehlt, kann aber aus der Anspielung auf die Hébertisten erschlossen werden. Die Szene stagniert. Ihre Rundung verhindert Linearität. Der Anschein von Handlung, potentieller Entwicklung durch die politisierenden Dantonisten vergeht: Mehr als ein Botenbericht kommt nicht zustande. Dantons Laxismus saugt (momentan jedenfalls noch) die Zukunftsdimension der Appelle in sich auf; er will im Jetzt befangen bleiben.

Dieser Epikureismus trügt über das Angstgefühl hinweg, das ihm im Nacken sitzt und das ihn aus der Weite der Politik in die Enge dieses Raumes getrieben hat. Volksszenen und politische Szenen ereignen sich vorzüglich auf der „Gasse" oder im weiten, repräsentativen Raum der Politik und der Justiz. Danton dagegen befindet sich fast ausschließlich in der Enge des Privatzimmers, später der des Kerkers[3]: von vornherein ist das ein Zeichen seines Gefangenseins, welche Bedrängnis bis zur Klaustrophobie auswachsen kann (vgl. 119, 123 ff./61, 66, 68). Doch kann der umbaute Raum auch Ambivalentes ausdrücken: nicht nur als Zeichen des Gefesseltseins, sondern auch des Geborgenseins oder des Wunsches danach. Das Figurenarrangement, das Danton zu Füßen Julies zeigt, symbolisiert dies Begehren nach schützendem Umschlossensein.

Die programmatisch daherschwadronierenden Dantonisten brechen in den intimen Raum ein und lassen den Schatten der Politik darauf fallen. Aber das bleierne Gewicht der Vergeblichkeit, die schwüle Atmosphäre des Salons können auch die Dantonisten mit ihrer Kunde von weiteren Guillotineopfern nicht vertreiben. Der Raum charakterisiert, und er schafft Atmosphäre. Fast erwartet man Schillersche Regieanweisungen, in denen auch die Duftnote vorgeschrieben wird, die über die Rampe dringen soll.

Motive/Metaphern:

Mit dem ersten Satz ist klar, daß „der mons Veneris" Dantons „tarpejischer Fels" (85/23) – von dem wurden Roms Staatsverbrecher hinuntergestürzt – sein wird. Danton scheitert nicht nur an der

Revolution, sondern ebenso am Eros. Deshalb ist er es, der ins Kartenspiel der ja nicht gerade unschuldigen „Damen" die obszönen Konnotationen hineinträgt – alles erscheint ihm im Zeichen des Eros: „Sieh die hübsche Dame, wie artig sie die Karten dreht! ja wahrhaftig sie versteht's, man sagt sie halte ihrem Manne immer das coeur und anderen Leuten das carreau hin." Das *carreau*, der weibliche Schoß,[4] ist das Zeichen, in dem Danton verlieren und verspielen wird. Deshalb heißt es auch gleich von der Dame, bevor etwas überhaupt richtig beginnen konnte: „Verloren!" Aber so weit sind wir noch nicht; zunächst kosten die Figuren ausschließlich die lebensfroh-genießerischen, ja frivolen Qualitäten des Bildes aus: Hérault hat keine Hemmungen, mit den Fingern anzuzeigen, was er von der Dame will: „Schlagen Sie den Daumen nicht so ein, es ist nicht zum Ansehn." (69/5) Und nach Abschluß des Spieles nimmt er das Spiel mit dem erotisierten Wort wieder auf: „aber es ging schlecht, die Dame lag immer in den Wochen, jeden Augenblick bekam sie einen Buben" (70/6). Ganz anders Danton: Was für die übrigen Ort der Geburt, soll ihm Raum des Todes sein, Schoß des Heiles jenseits der Geschichte: „Die Leute sagen im Grab sei Ruhe und Grab und Ruhe seien eins. Wenn das ist, lieg' ich in deinem Schoß schon unter der Erde." (69/5 f.) So hat der Titelheld das regierende Titelwort („Tod") und seine Bedingung, die Zeit, in einem Atemzug mit der „Liebe" ausgesprochen und diese mythische Zweiheit spielerisch für sich beansprucht. Seine Erkenntnisunlust und Gedächtnisqual wünschten sich Erlösung in Liebe und Tod: Die „Nacht der Liebe" soll ihm „Vergessen" gewähren (das Trauma der Septembermorde klingt schon an). Am Ende wird sich der Liebestod verwirklichen, der sich hier nur metaphorisch und als Wunschvorstellung ankündigt. Er ist ganz Büchners Werk. Büchner hat – von einigen Phrasen des Zentralteils abgesehen – den Text der Szene nicht den Quellen entnommen. Der Bühnen-Danton ist der intime Danton, wie Büchner ihn sich imaginiert. Der historische war gerade mit seiner zweiten, jungen Frau Sébastienne-Louise Gély verheiratet und hatte es gar nicht nötig, sich mit den Pariser Grisetten einzulassen.[5] Die Julie, mit der Danton sich hier unterhält, ist ganz Ergebnis der dichterischen Einbildungskraft – wie auch ihr Schicksal am Ende; die historische lebte noch zu Büchners Zeiten und war längst wieder verheiratet. Nicht anders stirbt Camilles Frau ihren Tod nicht wegen Laflottes Denunziation auf dem Schafott, sondern gegen die historische Wahrheit als Liebestod.[6] Das dichte Metaphernnetz, das Büchner hier schon zu spinnen beginnt, enthält das Drama in sich. Die Motivik hat integrierende Wirkung, wenn auch von einer Integrationsszene zu sprechen[7] übertrieben sein dürfte.

Konfiguration:

Im Palais Royal also vertreibt sich Hérault-Sechelles, einer – so sagte man – der schönsten Männer Frankreichs, die Zeit mit den „Damen", während Danton und seine Frau Julie, „etwas weiter weg" gruppiert, die schlüpfrige Konstellation komplettieren und kontrastieren.

So wie Danton hier abseits sitzt und das Geschehen, das Spiel, provozierend kommentiert, verhält er sich auch zur Politik: als Zuschauer, dessen Staatsaktionen zu erledigen Sache seiner Schauspielertruppe ist. Sich einerseits in das frivole und gelangweilte Geplauder der Spielenden mischend, andererseits von der Gattin in ein Gespräch von existentiellem Tiefgang gezogen („Glaubst du an mich?", 69/5), dem er durch verbales Jonglieren beikommen will, präsentiert sich der Held der Revolution gleich zu Beginn als Gestalt in einem Zwischenbereich: sowohl zwischen den politischen Fronten wie zwischen verschiedensten Existenzformen, hier zwischen der Fortuna-Welt des Kartenspiels, d. i. der als blinder Zufall verstandenen Geschichte, und dem Aufruf zum gestaltenden Eingreifen in die Politik, zwischen Genußegozentrik und personaler Hingabe, zwischen Langeweile und Aktion, zwischen hohem (*cœur*) und niederem (*carreau*) Eros; er präsentiert sich als ein anderer Hamlet, und nicht nur als einer, der das Handeln hinter sich hat, sondern schon als ein moderner Hamlet,[8] der nach dem Vergessen und der Unmittelbarkeit verlangt, dessen Bewußtsein aber alle seine Taten begleitet und den „Erkenntnisekel" gezeitigt hat: „Was weiß ich? Wir wissen wenig voneinander." (69/5) — So wiederholt sich die Dreiergliederung der Szene im optisch demonstrierten Triptychon[9] der Konfiguration.

Gewiß ist Danton isoliert, in der Politik wie in der Liebe, trotz dieser personenreichen Szene: „Wir sind sehr einsam." (69/5) Vor sich die Huren, über sich Julie, um sich herum die Freunde, wirkt er wie ein gescheiterter Dionysiker, der – statt das All zu umfassen – gezwungen ist, „Mosaik" zu machen, sich die „mediceische Venus stückweise" zusammenzusuchen (80/18). Dem Kerker des

Ich zu entkommen und die Fesseln der Individuation zu sprengen ist ihm gründlich mißraten: „Wir sind Dickhäuter, wir strecken die Hände nacheinander aus aber es ist vergebliche Mühe [...]" (69/5). Er erlebt die Erfahrung Werthers nach, daß seinem Totalitätsdrang Grenzen gesetzt sind: „Ich möchte mir oft die Brust zerreißen und das Gebein einstoßen, daß man einander zu wenig sein kann."[10]

Zurückgeworfen auf das armselige Ich, begegnet er der Verzweiflung im Spiel, und so spielt Danton mit beidem, mit der Politik und der Liebe. Zunächst mit der Liebe: Wie er seiner Julie mit Syllogismen attestiert, daß er sie wie das Grab liebe, zieht er das romantische Thema von Eros und Thanatos, von Liebe und Tod, zwar nicht unbedingt in den Schmutz, aber doch ins Zwielichtige. Mit der Politik sodann: Er hat für sie nicht einmal ein Wortspiel mehr übrig, sondern nur noch eine stupide Konjugation: „Ich werde, du wirst, er wird." (71/8) Bezeichnend, daß er das Futur aufgreift: Die Zukunft existiert für ihn in Form grammatischer Tabellen. Nicht Dionysos, der Gott des Eros, sondern Dionysos, der Maskengott, ist der Gott Dantons.

Er spielt auf dem Sokkus, nicht auf dem Kothurn. Das Einsamkeitspathos der Liebenden, das eine Tragödie eröffnen könnte, wird durch die entpathetisierende Selbstironie zurückgenommen. „Mute mir nur nichts Ernsthaftes zu" (95/34), heißt der Wahlspruch dieses Danton, der nur noch ein Ziel hat, den „gespreizte(n) Katonen" (72/8) die Masken abzureißen. Ganz so fern vom Typus des Dandy – der gerade *à la mode* ist – scheint er sich wirklich nicht zu befinden.[11] Cato – das war nicht nur der Römer von stoischer Tugend, sondern auch der beliebte Heros der barocken Welttragödie, in der sich mit nicht endenwollendem Pathos auch die Fürsten noch unters göttliche Fatum beugten. Welch ein Unterschied zwischen dem politischen Theater, das um Danton inszeniert wird, und dem *theatrum mundi* der Catonen! Danton spielt mit seiner Einsicht in das Wesen der Geschichte „zum Zeitvertreib". Diese Säkularisierung, ja dies Hazardieren im Umgang mit der Geschichte trennen ihn von den barocken Helden, wo ihn das Ausgeliefertsein mit diesen verbindet.

Das Histrionische hat Danton mit Hérault-Sechelles gemeinsam, wenn dem auch an Persönlichkeitsgewicht einiges abgeht. Der ehemalige Koautor der französischen Verfassung sekundiert

Danton nicht nur auf diesen ersten Seiten in der Rolle des *confident*[12], des Vertrauten, indem er auf dessen Stichworte eingespielt ist, sie aufgreift und in seinem Sinne vervollständigt: Das trifft auf die Kartenspiel-Metaphorik zu wie auf die politische Ideologie wie auf die sprachkritische Ironie. Seine erste Replik überhaupt heißt bezeichnenderweise „Nichts!"[13]; jetzt empfängt er Philippeau und Desmoulins mit einer Kaskade von Fragen, die die hohen Werte der Revolution und ihre Zeichen (der hl. Jakob, die phrygische Mütze) karikiert: „Hast du dir ein Loch in die rote Mütze gerissen, hat der heilige Jakob ein böses Gesicht gemacht [...]?" (70/6) Dabei stehen beide unter dem Schock der Hinrichtungen, von denen sie gleich berichten werden. Hérault spielt parodierend mit der Sprache wie Danton, und selbst die Guillotine bietet keinen angemessenen Widerstand gegen die universale Desillusionierung.

Die beiden Dantonisten, die die Nachrichten aus der großen Welt in den Club hineintragen, laborieren noch an ihren Idealen. Philippeau glaubt noch an die Macht der politischen Aktion und will den Gnadenausschuß durchsetzen. Die Gebote der politischen Vernunft jedoch prallen an der dicken Haut des Melancholikers ab: Der programmatische Dialog, der die Staatsideale der Dantonisten exponiert, ein Gemisch von antikem Republikanismus (Camille), Liberalismus (Hérault) und hedonistischer Eros-Emanzipation, von dessen Realisation aber nirgends die Rede ist, das vielmehr so klingt wie Dantons Programm, als er den Sturm auf die Tuilerien vorbereitete, hebt sich ab von der Sprachlosigkeit und vom Skeptizismus Dantons, der erst auf den direkten Appell hin („Danton du wirst den Angriff im Konvent machen") reagiert, aber so reagiert, daß er alle Programmatik in den Nonsense seiner Konjugation überführt. Danton entzieht sich, verbal und in Person.

Die „Guillotinenromantik" (70/6) der Gegner und deren Verwesungsgeruch vermag kaum durch den Parfumnebel des Bordells zu dringen. Die Gegner treten nicht nur nicht auf; statt ihrer werden Chiffren gebraucht („der Advokat von Arras") oder Stellvertreter kritisiert: Rousseau muß – unbeschadet seiner republikanischen Staatsidee – für den Vorwurf herhalten, daß die Greuel der Revolution in den vorkulturellen Zustand zurückwerfen: „St. Just säh' es nicht ungern, wenn wir wieder auf allen Vieren kröchen"

(70/6 f.); der Schöpfer der ‚sentimentalistischen' Aufklärung wird als „Genfer Uhrmacher" dem mechanistischen Rationalismus seiner Jünger zugeschlagen, die die Mechanik der Erfindung des Arztes Louis zu nutzen verstanden wie die Ideen ihres großen Landsmannes; Gleiches gilt von Rom, römischer Tugend und Rationalität, die den Guillotinenrigorismus Robespierres und St. Justs vertreten sollen.

Die Sprache:

Der Sprachanteil der Zentralfigur in der Eröffnungszene „ihres" Dramas ist verblüffend gering. Der Zurückhaltung Dantons im Politischen entspricht die Verhaltenheit seines Sprechens. Der rhetorische *ornatus* scheint weitgehend zu fehlen, Satzkomplexität wird nicht angestrebt, die Laxheit spiegelt der Satzbau in der Parataxe und ihren meist parallelen Kola, die durch Anapher („wir") und Alliteration unterstützt werden; insgesamt dominiert also ein – freilich kunstreiches – *parlando* (hier optisch veranschaulicht):

Wir sind Dickhäuter,
wir strecken die Hände nacheinander aus
aber es ist vergebliche Mühe
wir reiben nur das grobe Leder aneinander ab, –
wir sind sehr einsam. (69/5)

Zwei Gegenbewegungen bestimmen die Dynamik des Satzes: einmal das Dahingleiten der Kola mit finaler Tendenz, das erst gebremst wird durch den Gedankenstrich, die Häufung der Bilder, die erst beim vierten Anlauf im begrifflichen, „eigentlichen" Ausdruck mündet; zum andern die strukturelle Konzentrik, dergemäß zwei Seinsaussagen („wir sind ... wir sind") zyklisch zwei Aktionsverben („wir strecken ... wir reiben") umrunden, deren Mittelpunkt von dem großen „Aber" der Vergeblichkeit gebildet wird. Wenn man so will, ist in diesen konkurrierenden Linien des Satzes das Drama wie in der Nuß enthalten: die Vergeblichkeit des politischen Handelns als Wurzel des Determinationsgedankens (samt dem daraus folgenden Gefühl der Langeweile) als auch das Trotzdem des Aufbegehrens, das in Danton freilich nur noch im Ausnahmefall aufflackert.

Scheinbares Beiseitesprechen, scheinbares Aneinanderreihen von Aussagen, scheinbar ungegliedertes Verknüpfen simulieren bloß Bedeutungslosigkeit der Aussage. Danton stapelt tief; seine

Rede hat ja so Hochromantisches wie den Liebestod zum Gegenstand. Seine Tiefstapelei, die in der scheinbaren Diffusion zum Ausdruck kommt, soll davor bewahren, ihn romantisch-eigentlich zu nehmen, ihm etwas „Ernsthaftes" (95/34) zuzumuten, das ihn zur Einlösung verpflichten könnte. Die Ironie des Understatements soll seine Freiheit wahren.

Dieser Lust an der hoch- und tiefstapelnden Häufung wird uns bei Danton immer wieder begegnen: Zuerst häuft er die Metaphern in nahezu ermüdenden Variationen und Modulationen an – „Variationen aus verschiedenen Tonarten über das nemliche Thema" (128/72) – , zum Schluß kommt er bei einem quasi-philosophischen Begriff zu Ruhe. Oder er umkreist seinen Gegenstand, ihn aus verschiedenen Perspektiven abtastend, mit doppelter und mehrfacher Optik experimentierend, weil er sich der Dinge und der Worte nicht sicher ist. Seiner Skepsis einem „Ding" wie der Liebe gegenüber entspricht hier das Umkreisen des Wortes „kennen", das Julie als Stichwort angeboten hat. Das Wort wird befragt, untersucht, abgeklopft und auf seine Reduktionsstufe hinabgemindert: „Ja, was man so kennen heißt. [...] Einander kennen? [...] Nein Julie, ich liebe dich wie das Grab."

Danton liebt das Epigramm; hier im Privaten spart er sich solche Anstrengungen der Formulierung auf für den großen forensischen Auftritt. Trotzdem kann er es auch hier nicht lassen, zumindest Sprichwörtliches zu zitieren: „Die Leute sagen im Grab sei Ruhe und Grab und Ruhe seien eins." (69/5) „Die Leute" sind natürlich nur eine Ausrede, ein Vorwand. Wer „die Leute" aristokratischerweise verachtet, bedarf ihrer allenfalls, um seinen romantischen Grundgedanken, versteckt hinter dem Zitat, der Floskel, undramatisch zu vermitteln.

Der Metaphernreichtum Dantons entspringt nicht dem Sprachüberfluß, sondern der Sprachskepsis; oft vertritt die Metapher nur die Stille, die sonst eintreten müßte, da die Begriffe so verdächtig geworden sind. Deshalb sind Bildassoziationen der Motor, der Dantons Sprechen vorantreibt. Das Stichwort „Grab" ruft die Assoziation „Ruhe", dieses den Gedanken an die Einheit dieser beiden Größen hervor; die Erinnerung an die eigene Stellung (zu Füßen von Julie), aber auch an die *carreau*-Metaphorik des Anfangs provoziert die Verbindung von „Schoß", „Grab", Bedeckt- und Geborgensein. Daraus ergibt sich bild'logisch' die Vervollständigung der Personen-Analogie (Grab = Julie) zu einer kompletten funebren Veranstaltung: „Du süßes Grab, deine Lippen sind Totenglocken, deine Stimme ist mein Grabgeläute, deine Brust mein Grabhügel und dein Herz mein Grab." (69/6) Das „wie", das Zeichen des Vergleichs, ist weggefallen, und die reine Identifikation von Subjekt und Prädikatsnomen erschüttert die Rationalität der Sprache, indem sie Unvergleichbares gleichsetzt.[14] Die in diesem Sprechen immer noch verborgene syllogistische Figur („Wenn das ist, [dann] ...") verstärkt den grotesken Bruch, der dieser Depersonifikation zugrunde liegt, deren Ziel die Verdinglichung einer Person ist. Diese Aufhebung der Grenzen zwischen Rationalem und Irrationalem, zwischen den Seinsbereichen des Organischen und des Anorganischen hat zur Konsequenz, daß sich Danton am Rande des Vermittelbaren befindet, weil seine Bildlichkeit sich erst selbst begründet, aus dem Augenblick herauswächst und sich auf keine Konventionen beziehen kann. Dabei hat Julie keine weitere Funktion als die der Stichwortlieferantin. Nachdem sie sich mit ihrem „oh!" (69/5) schon abgewendet hat, schweigt sie von diesem Moment des „Dialogs" an bis zu ihrer letzten Frage: „Du gehst?" (72/8) Sie ist zwar zum Schweigen gebracht; aber ihre Liebe hat sich durch Worte nicht beirren lassen. Ihre Sorge nötigt sie zur Frage, weil jene Todesahnungen hat aufkommen lassen.

Dantons Ironie wirkt also viel subtiler, deshalb auch weit verletzender als die Héraults oder Lacroix', die durchaus nach sarkastischeren Pointen sucht. Sie haben ihren Sarkasmus im Salon gelernt; ihre Worte sind echte Wort-Spiele, an denen Danton in anderer Situation auch seine Freude hat. Sie genießen sich im Wort. Was Hérault den Damen zu bieten hat, sind Pikanterien, Anzüglichkeiten, Doppeldeutigkeiten, die alle um das *punctum sextum* kreisen, aber jede existentielle Tiefendimension vermissen lassen und über den Augenblick nicht hinausweisen. Dantons „ich liebe dich wie das Grab" nimmt den Schluß des Dramas vorweg. Héraults Worte vergnügen, machen aber nicht nachdenklich: „Ich würde meine Tochter dergleichen nicht spielen lassen, die Herren und Damen fallen so unanständig übereinander." (70/6) Trotzdem hat Hérault eins mit Danton gemeinsam: die anaphorische Reihung, den Hang zur barocken Häufung. Das kaskadenartige Sichablösen seiner Sätze hat etwas Gehetztes, als ahnten beide schon, daß sie die Zeit oder die Zeit sie verlieren werde (vgl. 90/29).

Nach dem Eintritt der Gesinnungsgenossen ist Danton in die Rolle des Zuhörers gedrängt. Was ist der Grund? Auf den unterkühlten, verhaltenen personalen Dialog folgt der lautstarke, affektierte, rhetorisierte Dialog wie ein Überfall.[15] Der macht auch Danton verstummen. Philippeau platzt mit dem Anlaß für seine Aufregung heraus (neue Opfer unter der Guillotine lassen erwarten, daß auch den Dantonisten das Fallbeil droht): Er leidet wirklich; er exponiert das Problem und analysiert, wie es dazu kam. Hérault hingegen macht in der ersten Replik daraus schon ein Spiel: Er paraphrasiert die Verursacher („Advokat von Arras", „Genfer Uhrmacher"), spielt mit dem Stichwort „*retour à la nature*"; Rousseau damit böswillig verfälschend („sie möchten uns zu Antediluvianern machen"), verfremdet durch den gesuchten Neologismus („Antediluvianer") und verfällt schließlich in Analogien aus dem Bereich des Infantilen („Fallhütchen", „Schulbänke"). „Verkürzung" ist der Effekt: Vom Guillotinieren ist nicht mehr die Rede. „Um eben diese empirische Schicht erscheint die Sprache im epigrammatischen Ausdruck verkürzt."[16] Die Replik endet mit einem geradezu klassisch-ciceronianischen *cursus*[17], der sie rhythmisch und tonal gegen eine Fortsetzung im Dialog abschließt: -vv/-vv/-v („und einen Herrgott erfände").

Um sich gegen diese Bündigkeit des Epigrammatischen durchzusetzen, muß Philippeau einen neuen Anfang finden, verfällt aber der Macht des Vorbilds: Parallel zur Satzstruktur Héraults („Sie möchten uns ... Sie würden sich") verliert sein Reden das Charakteristische, wirkt rollenhaft, monologisch, inhaltsleer-programmatisch: „Wir müssen vorwärts." Strittiges gibt es nicht unter den Freunden, also auch keine Diskussion; der Parallelismus triumphiert, bis Camille, inspiriert durch Heines Visionen vom republikanisch-hellenischen Staatsleben[18], wieder an Konkretion gewinnt, Emotionen kennt, Charakteristisches benennt, sogar Sappho zitiert („die gliederlösende, böse Liebe"), Drastisches mit Antikischem verbindet („der göttliche Epicur und die Venus mit dem schönen Hintern"), sich in eine Utopie hineinsteigert, die durch ihre mythische Motivik, die erotischen Vokabeln, das anaphorische Anschwellen dithyrambische, die Dämme der Konvention brechende Kraft gewinnt, freilich auch an (verfassungsrechtlicher) Präzision verliert.

Das alles läßt Danton Revue passieren, bis er direkt angesprochen und zur Aktion aufgefordert wird. Seine Reaktion demonstriert aber nicht nur seine Reaktivität, sondern entlarvt auch im Reden der Genossen die Ablösung des Programms von der Person. Seine wenigen Worte, wieder verborgen hinter dem Sentenziösen („sagen die alten Weiber"), sind ganz Ausdruck seiner Person, obwohl er mit seiner Konjugation Sinnentleertes von sich gibt. Dieser Stilbruch zerbricht die Ordnung und Harmonie im Programm der Zukunft und stößt bei den Freunden auf Nichtverstehen („was soll das hier?"). Die Frage nach dem Träger des Programms, die eigentliche und entscheidende, muß deshalb relativiert werden. Philippeau sagt: „Wir und die ehrlichen Leute" (gemeint sind wahrscheinlich die Reaktionäre), Danton antwortet: „Das und dazwischen ist ein langes Wort" (71 f./8). Mit Lakonismen dieser Art und Form fordert Danton wieder seine Freunde und sich selbst auf, Abstand zu gewinnen, das eigene Theater zu desillusionieren, wie der Brechtsche Schauspieler neben sich zu stehen. Er geht mit sich um, als parodierte er seine eigene geschichtliche Erscheinung.[19] Die historische Kritik verläuft deshalb im wesentlichen über die Sprache, ist Sprachkritik. Im Zitieren aber hat die Sprache ihr Authentisches verloren, kann nicht vermitteln, was sich hinter den „Schädeldecken" der „Dickhäuter" (69/5) zuträgt und ist nicht mehr frei. Das einzige Moment der Freiheit beweist sich im Bewußtsein des Parodierens; und das ist permanent vorhanden, wie auch in dieser Szene: „Du parodierst den Socrates." (70/6) Nur das Sterben wird authentisch sein; und dann bringt Hérault „nicht einmal einen Spaß mehr heraus" (131/75).

Gattungsgeschichtliches:

Diese erste Szene ist mehr auf die Zukunft gerichtet (die der Tod ist) als auf die Vergangenheit: Sie nimmt vorweg, statt zu exponieren.[20] Es ist literaturgeschichtlich freilich kein Novum, daß ein historisches Drama da beginnt, wo für die Zentralfigur mit der ersten Szene der Tod schon feststeht, überhaupt jeder Zuschauer schon weiß, daß es so und nicht anders ablaufen wird. Unterm unmittelbaren Eindruck der Verurteilung Karls I. von England durch das englische Parlament (30.1.1649) hat Andreas Gryphius diesen Vorgang 1649/50 in einer Tragödie dramatisiert, die nichts zeigt als den entmachteten König einen Tag vor der Hinrichtung, eine Intrige zu seiner Befreiung, die Diskussionen von Freund und Feind über die staatspolitische und -rechtliche Bedeutung dieses Aktes und die innere Welt des von seiner Unschuld überzeugten, aber als Märtyrer Christus-gleich sterbenden Königs. Auch hier sind Bürgerkrieg und Tod einer historischen Zentralfigur nicht Anlaß für ein Aktionsstück, sondern für ein Reflexionsdrama, in dem ein Problem der Staatsphilosophie des Mittelalters und des Barocks, das Gottesgnadentum des legitimen Herrschers und das Widerstandsrecht des Bürgers gegen die Majestät, regelrecht traktiert, in orthodox-lutherischem Geiste „abgehandelt" wird – ein Problem, das sich deshalb in aller Schärfe stellte, weil sich die Königs„mörder" in gleicher Weise wie die Royalisten auf religiöse Motive und göttliche Beauftragung beriefen und so den barocken *ordo*, die Harmonie der Welt, zu bedrohen schienen.

Hier war Geschichte noch nichts Eigenwertiges, sondern Ausdruck von Zeitlichkeit, damit Vergänglichkeit und also ein einziges *memento mori*, das erst Qualität erlangte durch den Kontrast zur Ewigkeit. Die Erde hieß „Schauplatz", die Politik darauf „Welttheater". So heißen sie auch bei Büchner, aber nicht weil Gott an den Fäden der Marionetten zieht, sondern „unbekannte Gewalten" (100/40), deren genauere Natur er im Drama diskutieren läßt. Geschichte diente deshalb dem barocken Helden als Bewährung, als Jammertal, das den Höhen der ewigen Glorie vorgelagert ist. Karl kämpft also nicht – wie Danton –, aber deshalb nicht, weil er die Lenkung seines Geschicks nur als von Gott auferlegte Probe, als Martyrium für das Volk verstehen kann.

Einer solchen Schicksalswelt eignet kein *eigenes* Telos – wie der vom „Muß" gesteuerten Geschichte Dantons, ihre Episoden sind austauschbar: Über den Zeitensprung hinweg ist es möglich, daß Karl Christus „nachbildet". Geschichtliche Ereignisse figurieren als Beispiele, unabhängig von ihrem Verflochtensein in den Kausalkomplex der Wirklichkeit. Nicht das Nacheinander der Ereignisse interessiert, sondern der einzelne, bedeutende Fall, der überzeitliche Gültigkeit für sich beansprucht. Diese Art von Typologie ist natürlich nur durch eine Heilsgeschichte verbürgt; formal aber geschieht in Büchners Werk nichts anderes als ein solches Rollenspiel nach historischen Exempeln, hier der römischen Republik, mit dem Effekt einer Unheilsgeschichte. Stoisch hält der Held Gryphius' Geschichte aus als Vorbild für den Zuschauer: denn er bewahrt das Ideal (hier das Gottesgnadentum) gegen die flüchtige und gleißnerische Metze Welt und beweist im Scheitern, das aber keines ist, den Wert seines Ideals. Das historische Drama nach dem Historismus hat die Relativierung aller Ideale hinter sich und kann diesen direkten Weg zum Herzen des Zuschauers nicht mehr gehen; es demonstriert, experimentiert, zeigt Interpretationen von Geschichte und erhofft sich vom Verstand des Zuschauers, daß er vernünftige Schlußfolgerungen zieht.[21]

So weit entfernt Büchner und Gryphius in der Zeit und in den Grundlagen ihres Denkens und Schaffens, so nahe sind sie sich im Effekt; so nahe sich Schiller und Büchner in der geschichtlichen Erfahrung stehen, so anders sind ihre Realisationen. Mit dem Zusammenbruch des christlichen Kosmos erst gewann die Geschichte einen Selbstwert, der die Frage nach dem Verhältnis des einzelnen zu und in ihr, die Frage nach Freiheit, Würde und Verantwortung im Gefolge führte, eine Frage, die sich nach der Französischen Revolution noch verschärfte und auf die Schiller mit dem Zweifel an der Mächtigkeit des einzelnen antwortete, welche Zweifel er im *Wallenstein* zum Gegenstand des Dramas machte.[22] Auch Wallenstein steht schon zu Beginn des Dramas jenseits des Zenits seiner Macht, die er – anders als der barocke Souverän – nicht der Geburt, sondern dem Krieg und damit der Erschütterung der alten Ordnungen des Feudalismus verdankt. Zwischen dieser alten Ordnung und seiner neuen Zeit schwankend, zögert er die Entscheidung hinaus, bis er nicht mehr Täter seiner Taten und die Geschichte über ihn hinweggegangen ist. Widersprüchlich, zögerlich, zwiespältig wie Danton also auch Wallenstein; episch breit die Schilderung der historischen Bedingungen seines Aufstiegs und seines Entscheidungszwiespalts, Zurückhaltung des sonst so moralistischen Autors in der Schuldfrage, Herausforderung des Zuschauers, auf die Uneindeutigkeiten des Zentralcharakters sich einen Reim zu machen: Schiller scheint sehr nahe bei Büchner; und doch ist Schillers Blick auf die Geschichte ein – noch – ganz anderer. Trotz seiner Enttäuschung über die Französische Revolution verzweifelt er nicht an den Rousseauschen Ideen von Fortschritt und Perfektibilität, an der Erziehbarkeit des Menschen und dem Kantischen Postulat der moralischen Rechtfertigung des Menschen, verschiebt aber deren Verwirklichung weit aus der eignen Zeit hinaus und aus der politischen Wirklichkeit ins Reich der Kunst: „Man wird damit anfangen müssen, für die Verfassung Bürger zu erschaffen, ehe man den Bürgern eine Verfassung geben kann."[23] Immer noch ist die Geschichte der Ort der „Geburt des Charakters aus dem Geist der Tat"[24]; mag der Held wohl im Konflikt mit den sozialen und politischen Bedingungen scheitern, das Ideal von Freiheit bleibt durch die Kunst erhalten und die Entscheidungsfähigkeit ungeleugnet: Wallensteins Entscheidung und sein Tod sind das dramatische Ziel, auf das sich alles zubewegt; Dantons Tod liegt schon vor dem Drama, und das Drama traktiert Totengespräche.[25] Wallenstein ist, was Danton vielleicht war – vor Beginn des Dramas. Immer noch steht der Geschichte eine Gegenwelt des Idealen gegenüber,[26] auf welchen Dualismus erst die Romantik mit der Aufgabe des Fortschrittgedankens und der Historismus mit der Relativierung der geschichtlichen Epochen antworten. *Dantons Tod* ist die Antwort auf den Relativismus des Historismus (und des aus ihm zu folgernden Nihilismus), eine Antwort in Form einer Frage: „Wie hältst du's mit einer sich als sinnlos präsentierenden Geschichte?"

2
Der Grundriß[27]

2.1
Erster Akt: Eros und Politik

I, 2. „Ehedem wohl gab es einen Vater, der seine Tochter von der Schande zu retten, ihr den ersten, den besten Stahl in das Herz senkte – ihr zum zweiten Male das Leben gab“[28]. Mit diesen Worten konnte Emilia Galotti[29] noch ihren Vater erpressen, sie nach dem Vorbild des Römers Virginius zu töten, um sie vor Entehrung zu bewahren. Der versoffene Gassenkomödiant Simon kann dieses Beispiel hoher Römertugend nur noch zitieren („alter Virginius verhülle dein kahl Haupt“) und dann im Delirium zusammensinken; denn seine Tochter geht der „Entehrung“ berufsmäßig nach, um Vater und Mutter zu nähren: Folge einer Revolution, die die Eigentumsverhältnisse nicht verändert hat und die „soziale Revolution“ (85/24) auf die politische nicht hat folgen lassen. Das historische Exempel, würdig einer stoischen Tragödie, dann bei Lessing Gegenstand des „Trauerspiels“, ist zur Schmiere verkommen, in der die Rollen (Virginia und Lucretia, Hamlet und Henry IV.) wie im Panoptikum rettungslos durcheinander geraten sind. Auf der Gasse „parodiert“ der Komödiant „das erhabne Drama der Revolution“ (77/14 f.) (so Robespierres späterer Vorwurf an die Hébertisten), bevor dieses selbst, in Gestalt Robespierres, die Bühne betreten darf. So entsteht ein aussagekräftiges Hysteron-Proteron, eine Umkehrung von Ursache und Folge, die die Parodie vor dem zu Parodierenden aufbietet, denn Robespierres und der Revolutionäre Überzeugung von der Renaissance römischen Geistes auf der Spitze der Französischen Revolution soll als unhistorischer Mummenschanz und unangemessenes Pathos vorweg entlarvt werden. Mehr noch sagt die Parodie etwas aus über welthistorische Prozesse und ihre Träger: Sie sind Rollenspieler und spielen ein Weltendrama auf schwankendem Kothurn.

Bei Livius führt der Tod der Virginia zum Rücktritt der Decemvirn und zur Wiederherstellung der plebejischen Rechte, also zum historischen Erfolg; die Parodie des Römerdramas hat Lynchjustiz und Anarchie zur Folge. Die Wut des aufgehetzten Volkes auf die Aristokraten entlädt sich an einem – zufällig – passierenden „jungen Menschen" und fällt wie ein Strohfeuer zusammen, als das Opfer durch ein kluges *mot* die Lacher auf seine Seite bringen kann.

In die Kulissen dieses Schmierentheaters erst tritt Robespierre, das „Gesetz" in Person. Blind für die reale Situation des Volkes („armes, tugendhaftes Volk"), theoretisiert der „Unbestechliche" an einer wahrhaft revolutionären Praxis vorbei: Sein Staatsmodell will die natürliche Gesetzlosigkeit des Volkes durch das Gesetz der „Gesetzgeber" zügeln: „Deine Gesetzgeber wachen, sie werden deine Hände führen, ihre Augen sind untrügbar, deine Hände sind unentrinnbar." (75/12) Das „Volk" hat gegen diese Entmündigung nichts einzuwenden. Doch das alles ist nur Vorgeplänkel und Prolog zur großen Rede im Jakobinerklub, in der Robespierre die *terreur* verkündigen wird.

Statt seiner haben die Komödianten das letzte Wort. Sie wissen jetzt, wen sie parodieren, indem sie ungescheut sein rousseauistisches Zentralwort von der „Tugend" in den Mund nehmen und ausnahmslos den *stilus sublimis* und das Erhabene der Tragödie travestieren. Die Hure wird zur braven Tochter und heißt Sannchen; nicht Simons alkoholisiertes Ich hat die Farce aufgeführt, sondern sein „Wahnsinn" (76/12); der „Kuppelpelz" (72/9) von vorhin hört jetzt auf die Namen Baucis und Porcia, beide Musterbeispiele antiker Gattentreue, und heißt zum guten Beschluß: „mein tugendreich Gemahl" (76/13).

Wieder hat Büchner eine achsialsymmetrische Konstruktion gewählt: Die politische Achse, um die sich alles dreht, ist eingebettet in eine Spaziergänger-Szene *à la Faust* und *Egmont*[30], die ihrerseits durch die forcierte Theatralisierung und Pathetisierung den Spielcharakter des Geschichtsdramas selbst bedenkt.

I, 3/4. Nachdem Protagonist und Antagonist eingeführt sind, ohne daß eine Exposition im klassischen Sinne stattgefunden hätte, steuert Büchner zügig auf die Staatsaktion zu, die das Zentrum des ersten Aktes ausmacht und die die einzige Staatsaktion bleiben wird; denn alles, was folgt, ist lediglich Ratifikation dieser Entscheidung für den Terror.

Der historische Hintergrund für diese frühe Peripetie: Die Konterrevolution in Lyon, 1793 nach zweimonatiger Belagerung der Stadt niedergeschlagen, beginnt nach der Hinrichtung General Ronsins und Héberts ihre Aktionen wiederaufzunehmen. Die

Lyoneser Delegation, die mit den Radikalen sympathisiert, befürchtet das Ende der Revolution wegen „Barmherzigkeit" (76/13). Legendres, des Taktikers, Versuch eines Ablenkungsmanövers (er will die Aufmerksamkeit von den Dantonisten weg auf die Stutzer und Revolutionsgewinnler im bürgerlichen Lager lenken) scheitert kläglich, ja schlägt ins Gegenteil um: Die Gegenrevolution ist öffentlich beim Namen genannt. Robespierre steht mit dem Rücken zur Wand und muß als Kompensation für die Hinrichtung der Hébertisten die Hinrichtung der Gemäßigten ankündigen. Seine Rede verfährt entsprechend schizophren: Sie rechtfertigt den Tod des das Privateigentum verwerfenden Hébert, und sie verspricht die Vernichtung der „anderen Faktion" (77/15), die mit dem Wort „Erbarmen" ihren angeblichen Royalismus tarne und die soziale Revolution verhindern wolle. Schrecken, Tugend, Gerechtigkeit gegen Schwäche, Laster, Erbarmen heißt die einfache Gleichung in der Scharfmacherlogik, die an die Ressentiments des „tugendhaften Volkes" (vgl. 79/17) appelliert und mit Applaus belohnt wird. Römische *virtus* und Rousseausche *vertu* gehen ein (historisch verbürgtes) Bündnis ein, das die Revolutionsfrage auf eine private, bürgerliche Ideologie reduziert – oder umgekehrt eine private Ideologie zur politischen erklärt – , um Haß und Neid auf diejenigen zu nutzen, „welche sonst in Dachstuben lebten und jetzt in Karossen fahren" (79/16). Hatte Camille Robespierre (wegen seiner Grausamkeit) mit Tiberius verglichen, so droht Robespierre den Dantonisten (wegen ihrer Erfolglosigkeit) den Vergleich mit Catilina an.

Was in dieser Versammlung wirklich geschehen ist, was sich hinter Phrasen und Pathos, hinter der Maske der staatsmännischen Umsicht verbirgt, muß Legendre von Lacroix erklärt werden: Er hat mit seinem Ablenkungsversuch das Gegenteil erreicht und steht nun selbst in der Gefahr, ein Opfer der sich verselbständigenden Geschichte zu werden. Wenn Lacroix Bilder aus der Mechanik wählt, z. B. das vom „Guillotinenthermometer" (80/18), um die Geschichte zu beschreiben,[31] bestätigt er den fatalen Vorgang der Automatisierung. So verspottet die Wirkung die Ursache, und dies Gesetz gilt für beide Parteien: Robespierre selbst handelt ja reaktiv und muß das Opfer seiner ehemaligen Freunde als geplanten, kreativen Akt, als Ergebnis politischer Logik legitimieren. „Wir ließen das Volk sich selbst bewachen, es hat nicht geschlafen", heißt es jetzt (77/14) im flagranten Widerspruch zur eben noch (vgl. 75/12) beteuerten Gewaltenteilung zwischen Kopf und Hand.

I, 5. Während sein Schicksal beschlossene Sache ist, weilt Danton (wohl) noch immer im Palais Royal, so daß der Antagonismus von Bordell und Jakobinerclub den Akt beherrscht. Spiegelbildlich zur ersten Szene zeigt diese den Dionysiker Danton, der mit der großen Politik nur durch Botenberichte in Berührung kommt, spiegelbildlich verkehrt[32] schafft sie den Kontrast einerseits zur lasziven Verbalerotik Héraults und zur Gattenbeziehung zwischen Danton und Julie andererseits. Entsprechend hat Büchner die szenische Choreographie umgekehrt: Ruht Danton zu Füßen Julies, so Marion zu denen Dantons.[33] Und während „draußen" die Geschichte ihren akzelerierten Lauf nimmt und die Dantonisten um ihren Kopf kämpfen, ist drinnen alles reiner Augenblick, steht die Zeit still[34], während die Grisette ihre erotische Biographie erzählt, die Geschichte einer erotischen Emanzipation aus bürgerlicher Triebunterdrückung. „Draußen" bereitet sich der mechanische Tod vor, drinnen ist in aller Unmittelbarkeit von der Liebe die Rede, die das Individuationsprinzip auflöst („alle Männer verschmolzen in einen Leib", 81/19), die der Urgrund des ewig-ziellosen Werdens ist und – in welcher Weise auch immer – den Tod überdauert.

Aber dieser hohe Ton aus Dirnenmund bleibt nicht ungebrochen: Um den Übergang von der Ungebundenheit der Natur zur Welt des „Gesetzes" (vgl. 75/12) zu finden, schaltet Büchner einige seiner berühmten *„trifles light as air"*, eine Bündelung von Wortspielen frivolen Inhalts in Shakespearescher Manier, ein, die nichts zum Ziele haben, als das Pathos der Marion-Novelle herabzumindern; denn das Thema, die Universalität des Eros, bleibt das nämliche. Nicht Marions Liebesleben war animalisch und untermenschlich[35], sondern jetzt erst, in der neuen Tonlage und Perspektivik, wird's „tierisch". Büchners raffinierte Verknüpfungstechnik macht schon optisch klar, wie Lacroix das Thema ins Groteske hinunterzieht: Der Anblick Dantons, der „Dogge mit Taubenflügeln" (108/49), und der zierlichen Marion gemahnen ihn an die Vereinigungsversuche einer Dogge mit einem Bologneserhündchen[36].

Dann erst holt mit dem Botenbericht von Lacroix und Paris Danton die Politik ein. Die Situationsanalyse erfaßt in epigrammatischer Schärfe die Gefahr, die aus der nichtvollendeten sozialen Revolution und dem programmatischen Gegensatz zu Robespierre resultiert, wird aber abgeschoben und verstellt durch die historisch verbürgte und leitmotivisch-retardierende Beruhigungsformel: *n'oseront pas* – sie werden's nicht wagen. Mehr gezwungen als freiwillig verspricht Danton trotzdem, aktiv zu werden, doch das weniger auf politischer denn auf zwischenmenschlich-persönlicher Ebene: „Morgen geh' ich zu Robespierre, ich werde ihn ärgern [...]". Der Automatismus der Politik hat unterdes die Liebe ertötet („Deine Lippen sind kalt geworden", 85/23). Wieder sind die Dreiteilung der Szene und die Spiegelung der Teile Zeichen der Inkongruenz von privatem und politischem Raum.

I, 6. Der politische Entscheidungsdialog, dessen Dialektik unten näher zu betrachten sein wird, stellt also nicht nur gegen die private Intimität die Welt der politischen Programmatik, sondern gegen die dionysische Sphäre die Welt apollinischer Kälte, des Dogmatismus, des Systems, der tödlichen Konsequenz. Es geht um mehr als um die Frage der sozialen Revolution; hier treffen zwei kontradiktorische Welt-Anschauungen, Lebens-Haltungen, Grundtriebe in einem Disput aufeinander, dessen Antithesen, Paradoxa und Oxymora auch Robespierre (zum ersten und einzigen Mal) aus der Rolle des Funktionärs herausfallen machen, um ihn in seiner Menschlichkeit zu zeigen und in Frage zu stellen. Daß Büchner Robespierre einen Moment des Selbstzweifels gönnt, die in eine apokalyptische Vision des Kosmos mündet, die der späteren Dantons korrespondiert (vgl. 99 f./38-40), zeigt deutlich, daß hier *inhaltlich* nicht der klassische Dialog zwischen Gut und Böse, Pflicht und Neigung, Geist und Trieb, Schwarz und Weiß abläuft, sondern daß jeder der Kontrahenten einen Aspekt der historischen und sozialen Wahrheit für sich verbuchen kann, daß aber *menschlich* Danton „gewinnt", indem er es vermag, den Selbstzweifel zu provozieren, dem Funktionär die Absätze von den Schuhen zu treten und das System Robespierres in die schändlichste Verwirrung zu bringen – so lange freilich nur, bis St. Just mit Argumenten der Realpolitik und zynisch-pragmatischen Gründen („Vorteil des Angriffs", 88/27), aber auch mit Argumenten *ad hominem* (Camilles persönlicher Angriff im *Vieux Cordelier* auf den „Blutmessias Robesp." (89/27) und auf Barrère) ihn nötigt, den politischen Schlußstrich unter das Todesurteil über die Dantonisten

1. Akt: Eros und Politik

Eros	Politik
I, 1 Danton und Grisetten a. Kartenspiel b. politisches Programm der Dantonisten c. Dantons Spiel mit der Politik	I, 2 Robespierre und Volk a. Simons Parodie b. Robespierres politisches Programm c. Simons Farce
(I, 3 Danton: bei den Grisetten)	I, 3 Robespierres Rede zur Verteidigung seiner Politik
(I, 4 Danton: bei den Grisetten)	I, 4 Legendre und Lacroix: Dialog über die politischen Folgen für die Dantonisten
I, 5 Danton und Marion a. Marions Biographie b. obszöne Gespräche c. Paris' Warnung vor Robespierres Absichten	(I, 5 Robespierre als Brutus: Ankündigung von Dantons Ende)

I, 6

a. Streitgespräch zwischen Robespierre und Danton
b. Robespierres Gewissenserforschung

---

a'. Erstellung der Proskriptionslisten durch Robespierre und St. Just
b'. Robespierres Isolation

zu ziehen. Nur mit paradoxen Anspielungen kann Robespierre sich vor sich selbst rechtfertigen (aus Camille wird in Umkehrung der Situation ein Brutus, aus ihm selbst der opfernde, nicht der geopferte Messias), ohne sich über seine Isolation hinwegtäuschen zu können: „es ist Alles wüst und leer – ich bin allein“ (90). Hier spricht einer, der sein Schicksal kommen sieht, auch einer, der seine Wirkung kennt.

Für Danton ist damit die Politik „erledigt“. Seinem Rückzug ins Private widmet sich der ganze 2. Akt.

2.2
Zweiter Akt: Schuld und Schicksal

II, 1. Die Revolution entläßt ihr Kind. Wie ihn die Natur geschaffen hat, steht Danton auf der Bühne. Masken braucht er nicht mehr zu tragen und Togen nicht zu raffen. Er kleidet sich an, während Camille ihm – wie einst Oranien Egmont – zu verstehen gibt, daß er keine Zeit zu verlieren hat, wenn ihm sein Leben lieb sei. Dantons Replik mit ihrem antithetischen Wortspiel „aber die Zeit verliert uns“ enthält seine Auffassung von Geschichte und vom Herrn der Geschichte: Der ist die „allmächtige Zeit“, nicht der große einzelne.

Die Erwartung des Zuschauers auf ein Aktionsstück, einen Bilderbogen aus aktionsreicher Zeit, in I, 6 auf den Höhepunkt des antagonistischen Dialogs zwischen den Protagonisten geführt, wird durch ein jetzt einsetzendes Reflexionsstück getrogen. Steht der 1. Akt dem klassischen Drama gar nicht so fern, auch wenn er keine schulgerechte Exposition aufbietet und *in medias res* einführt, ja beinahe als Tragödie *in nuce* verstanden werden könnte, die mit dem Todesurteil endet, beginnt jetzt ein Dialogstück mit politischem Ausgang, das an die barock-stoische Tragödienform gemahnt, in der der Geschichtsvorgang eher Vorwand für rhetorisch schön geblümte Gedanken über Sein und Zeit, Vergänglichkeit und Ewigkeit, Leben und Tod sind. Man könnte also das Paradox aufstellen: Der erste Akt war die politische Exposition für das menschliche Drama vor dem *forum internum*, das jetzt beginnt, das Drama von Sterben und Tod. Umgekehrt präsentiert dieser Akt in einer „nachgetragenen Exposition“[37] – auf der Reflexionsebene – die inneren Gründe für das politische Verhalten Dantons im ersten Akt[38], während er auf der Handlungsebene die Folgen der Entmachtung des ehemaligen Revolutionärs vor Augen führt. Hier wie dort heißt das ostinate Thema „verlieren“: Hier verliert die Zeit ihre Kinder, dort Hérault das Spiel der Glücks- und Schicksalsgöttin. Der zweite Akt, normalerweise akzelerierende „Schürzung des Knotens“, Epitasis, Verflechtung der Schicksalsfäden, verweilt hier, läßt sich nicht aus der Ruhe bringen, retardiert, übernimmt also die Funktionen, die sonst, klassischerweise, allenfalls dem vierten Akt, dem Akt nach der Peripetie zukommen. Aber die Peripetie ist ja schon im ersten Akt gewesen ...

Gegenstand des gedanklichen Verweilens ist nicht so sehr die Analyse der politischen Verhältnisse. Die ist schnell abgetan: Jakobiner und Cordeliers vertreten Prinzipien, die keine Versöhnung zulassen; ein Aufstand wie der der Girondisten würde mit dem Widerstand der Radikalen zu rechnen und einen zweiten 31. Mai (die Verhaftung der Girondisten) zur Folge haben. Handeln und Nichthandeln laufen auf eins hinaus. Der antithetische Chiasmus schreibt die fatale Entmachtung des Geschichte machenden Mannes fest: „Wir haben nicht die Revolution, sondern die Revolution hat uns gemacht.“ Flucht, da aussichtslos, verbietet sich von selbst. Auch humanitäre Maximen („ich will lieber guillotiniert werden, als guillotinieren lassen“) erklären nicht viel, weil Philippeaus Vorwurf („Und Frankreich bleibt seinen Henkern?“) Danton nicht nur nicht zu erschüttern vermag, sondern auch mit einem zynischen „Was liegt daran?“ (91 f./30) quittiert wird. Nein, die politische Analyse reicht nicht weit. Mehr und mehr gewinnen existentielle Begründungen die Überhand; deutlich ringen sie sich aus dem Hin und Her der Überlegungen los, ohne sich zu einem systematischen Gedankengang, zu einem System zu formieren. Sich vortastend nur, nennt Danton einen „Fehler“ in der Natur des Menschen, für den er keinen Namen weiß und den Camille mit dem „ewig verweigerten X“ in unseren Rechnungen übersetzt. Und so geht es weiter: Keine Ontologie, keine Metaphysik wird entwickelt, sondern eine monologische Konfrontation mit dem Sterben sucht auf allen Ebenen und durchaus unsystematisch Sprache zu gewinnen. Doch im Unterschied zum stammelnden Woyzeck ist Danton Dandy und Sprachartist genug, daß ihm „das Leben“ zum „Epigramm“ (92/31) gerät. In immer neuen pointierten Aphorismen erklärt er die Vergeblichkeit für das Wesen des Lebens und reagiert darauf mit der Krankheit des Jahrhunderts: dem *taedium vitae*. Daß Danton bei seinen Überlegungen sich nicht von – logischer – Konsequenz leiten läßt, bestätigt der erneute Ausbruch von existentieller Hoffnung, die sich wohl kaum aus metaphysischer Deduktion ableitet: „sie werden's nicht wagen" (92/31).

II, 2. In der Stimmung barock wirkt auch diese Spaziergänger- und Moritatenszene, deren Technik Büchner dem Sturm-und-Drang-Drama oder Grabbes *Napoleon*[39] verdankt. Die „Promenade" würfelt die gesellschaftlich heterogensten Elemente zur Einheit eines Welttheaters zusammen: einen politisierenden *„citoyen"*, der die Namen von Frau und Kind der gleichgeschalteten, antikisierenden Nomenklatur anpaßt, den bekannten Schmierenkomödianten Simon, der mit gewohnten Phrasen und absurden Metaphern die republikanisch-römische Attitüde der Revolution entlarvt, die beiden „Herren", die Arbeitslosigkeit nicht als Strukturproblem, sondern als Ausdruck persönlicher Faulheit verstehen, die Huren und die Soldaten, die mittels obszöner Metaphern ihre Gelegenheitsbekanntschaft machen, die bourgeoisen Revolutionsgewinnler (Madame, Eugenie (!) und der junge Herr), die für Rousseaus *homme naturel* schwärmen und Rousseaus *vertu* nur mimen, indem sie hinter der Fassade bürgerlicher Wohlanständigkeit der Laszivität freien Lauf lassen („Ach, die jriene Beeme", heißt es bei Heine), – und schließlich Danton, der angesichts dieses Alltags-Panoptikums von Rollenspiel, Irrationalität und Sexualität seine eigene Sicht von der Tragikomik der Dinge, seinen Zynismus, seinen Verzicht aufs Handeln, seinen Skeptizismus, seinen Hedonismus, nur bestätigt finden kann. Seine Schlußfolgerung – „mute mir nur nichts Ernsthaftes zu" (95/34) – dispensiert ihn vom Eingriff ins Karussell des Lebensjahrmarkts.

Die eingestreuten Gesangsnummern des Bänkelsängers und des Bettlers besingen nur eins: die Bizarrerie, die Groteske der Existenz zwischen den Polen von Liebe und Tod. Das apokalyptisch-universale Lachen, das Danton angesichts dieses absurden Marktes anwandeln will, ist nur die groteske Seite der tragischen Seinsangst des zweiten Herrn: „Ja, die Erde ist eine dünne Kruste, ich meine immer ich könnte durchfallen, wo so ein Loch ist". Ob im Theater oder in der sogenannten Wirklichkeit: Die Kulissen der Welt sind labyrinthisch gebaut, „ein Gewirr von Gewölben, Treppchen,

Gängen“ (95/34), in dessen Innern ein „Minotaurus“ (80/18) haust.

II, 3. Wenn Camille einfach mit einem Exkurs zum Thema „Theater“ die Szene beginnt, verknüpft er nicht nur die Szenen des Welttheaters, sondern entwirft auch eine Poetik, die sowohl die klassische Tragödie wie auch den komischen und tragischen Dreiakter wie auch die realitätsfernste Kunst, die Oper, im ganzen jede Form von Klassizismus, treffen soll; damit verbindet Danton eine Kritik der gleichfalls inhumanen Kunst Davids und prangert ihre menschenverachtenden, effekthascherischen Methoden an, deren Mimesis auf der Suche nach dem Naturwahren die Wirklichkeit nur widerspiegelt, statt sie zu verdichten, und vor Sterben und Tod nicht Halt macht. Die selbst dem Tode Geweihten dürfen hier diese lebensvolle Ästhetik entfalten, weil sie Ausdruck ihrer Lebens- und Gegenpol ihrer Todes-Anschauung ist: Es geht in der Kunst um die „Schöpfung“ (ein Ausdruck, der redensartlich und nicht jüdisch-christlich zu verstehen ist), „die glühend, brausend und leuchtend“ „sich jeden Augenblick neu gebiert“ (96/35), und nicht um klassizistische Replikate. Dieser Ästhetik fühlt sich Büchner sicherlich verwandt, ihr fehlt jedoch die Berücksichtigung des Leidens, aus dem Büchner seine schriftstellerische Legitimation bezieht. Die Pygmalion-Kritik begründet außerdem die Ablehnung von Robespierres Doktrinarismus ästhetisch: Der Große Pan Danton spottet jeder Regel, der politischen, der philosophischen wie der poetischen.

Entsprechend muß dieses Programm in eine Szene eingebettet sein, die selbst der Regelpoetik nicht achtet.[40] Eine Exposition gibt es nicht, Camille redet drauflos, Danton tritt mehrfach auf und ab und empfängt draußen die Nachricht vom Beschluß seiner Verhaftung, Camille läßt sich in ein Liebesgespräch hineinziehen, politisiert gleichzeitig aber mit Danton und nötigt ihn noch einmal zu handeln, begründet seiner Lucile seine Überlebenschancen mit der Freundschaft zu Robespierre, und am Ende sitzt Lucile mit ihren Todesahnungen allein da und singt ihr Lied vom Scheiden („Dort droben auf dem Berge“) wie Gretchen das vom König von Thule: eine Simultanszene wiederum, die die extremsten Pole des Seins berührt, den dionysischen Preis auf die Schöpfung und die kindliche Angst vor Trennung und Tod; wortgewaltige Programmatik und naive Selbstaussprache im Volkslied, Brutalität der Politik und Freundschaft und Liebe. Die Todgeweihten haben das Leben in der Kunst gepriesen, und die Szene hat die Fülle des Lebens gezeigt.

Noch einmal nutzt Büchner die Rondo-Form, die er im ersten Akt verwandt hat: Das politisch Zentrale wird gerahmt vom Intimen, von der Aisthesis, der Wahrnehmungslehre der Kunst und der Aisthesis des Eros; aber das Politische wird nicht auf der Bühne repräsentiert, es spielt hinter der Kulisse und hat nur noch im Botenbericht Platz.

II, 4. Das Drama auf der Innenbühne Dantons beginnt. Dantons Schicksals-Gleichgültigkeit ist mehr Theater, als Danton vor den Freunden zugeben will. Der Versuch der Flucht erweist sich als sinnlos – auf freiem Feld: Erinnerung verfolgt Danton wie Hamlet[41] der Wahnsinn; Vergessen der Septembermorde verspricht nur das Grab. „Ich oder es", Danton oder das Gedächtnis, Sein oder Nichtsein: Diese Frage ist leicht zu beantworten. Der einzige Entscheidungsmonolog des Dramas läßt keine Freiheit der Entscheidung zu; denn es „stehen sich geschichtliche Notwendigkeit und die Freiheit der offenen Natur unversöhnlich gegenüber"[42].

Unklassisch-unidealistisch auch, daß der Monolog zwei Teile hat: die Reflexion selbst enthaltend wie auch die Reflexion auf die Reflexion. Die Fähigkeit zur Selbstdistanz, die Danton so deutlich vom Funktionär Robespierre abgrenzt, zerstört das Pathos der Todesgedanken und sucht nach deren psychophysischen Ursachen: „Ich kokettiere mit dem Tod". Durch diese Art von „Metakommunikation" nimmt Danton den philosophisch-theologischen Anspruch seiner Gewissensskrupel zurück, verhindert, daß sein Existenzdrama zu einem philosophischen würde, und fällt zurück in die Indifferenz seines existentiellen, ewig-wiederkehrenden Motivs: „sie werden's nicht wagen" (98/38).

II, 5. Das „Gedächtnis", das Danton verfolgt, steht nur für ein „Es", das Büchners Figuren nicht mehr definieren können. Die Alten nannten es Moira, die Christen Vorsehung, andere Zufall; Woyzeck, aber auch Gestalten mit höherem Reflexionsniveau wissen nur von einem neutralen Etwas („wenn das gleich so spricht" (98/38)), das sie treibt: Von „Gewissen", da ist Büchner vorsichtig genug, ist nicht oder nur paraphrastisch als von „Gedächtnis" die Rede. Diese Vorsicht vor dem Definitorischen und die regelmäßig einsetzende Relativierung hoher oder philosophisch belasteter Vokabeln, die Dantons Philosopheme begleiten, unterlaufen jeden Anspruch auf ontologisch-systematische Gültigkeit, die ehedem aus Dantons Projektion herausgelesen wurde. Denn Büchner inszeniert Dantons universalistische Vision vom Münchhausenritt auf der Erdkugel deutlich als Projektion, die aus einem somnambulisch-nächtlichen Umgetriebensein hervorbricht. Die Sprachregelung, die kosmische Motive nutzt, die aus Jean Pauls oder Bonaventuras Endzeitgeschichten bekannt sind, aber schon vom Grafen Egmont vorgeahnt wurden („Kind, Kind, nicht weiter")[43], muß Julie durchbrechen und das Expressionistisch-Steile als unangemessen erweisen, indem sie den Vorgang auf den historisch-konkreten Kern, die September-Ereignisse und ihre entschuldigenden Bedingungen reduziert. Aber auch sie kann nicht verhindern, daß Dantons Assoziationen wieder in mythologische Metaphern ausbrechen, die die Entmächtigung des einzelnen in seit der Antike geläufigen Bildern von der Marionette ausdrücken und Geschichte mit „Märchen" (100/40) gleichsetzen. So durchlebt Danton, was Robespierre längst hinter sich hat: die Erschütterung des Seinsgrundes durch die Verschuldung in der geschichtlichen Tat. Während Robespierre sich entlastete, indem er die Blutgeschichte als andere Heilsgeschichte, sich selbst als neuen Messias legitimieren wollte, leidet Danton unter dem „Muß", das der Gekreuzigte versprochen hat. Dantons blasphemische Invektive auf Christus („Der Mann am Kreuze hat sich's bequem gemacht [...]") hat Ventilfunktion und wird von ihm in diesem psychologischen Stellenwert auch durchschaut: „Jetzt bin ich ruhig." (100/39 f.) Die Szene, die dadurch noch an Gewicht gewinnt, daß Büchner Danton Gedanken und Bilder aus seinem eigenen Fatalismus-Brief an die Braut in den Mund legt, endet à la Rabelais, so auch dem Pathos ein Ventil schaffend: „Ja Julie, komm, zu Bette!" (100/40)

II, 6. Hatte das Prinzip der verdeckten Handlung im klassizistischen Drama die Funktion, die „unreine" Handlung hinter dem reinen Wort zu verbergen, so verfolgt Büchner andere Absichten, wenn er die Aktion zugunsten des plastischen Wortes ausspart. Sowohl der Beschluß der Verhaftung Dantons wie die Verhaftung selbst finden szenisch nicht statt. Simon, die Theater-Existenz, der „Mensch ohne eigenen Text"[44], darf Danton verhaften. Die Judas, Sinon und Ephialtes, nicht die „Paradegäule [n]" (288) entscheiden die Schlachten und Revolutionen. In dieser Szene, einer reinen Erfindung Büchners, hat Welttheater im bösesten Sinne statt. Was Simon seiner Bürgerwache verspricht (daß sie sich „um das Vaterland verdient machen" werde), hat gerade noch (vgl. 99/39) Julie ihrem Danton zugerechnet. Solche Römer-Sentenzen sind auf jede Situation anwendbar und relativieren sich gegenseitig, den Mythos von der sauberen Politik zerstörend. Simon also setzt in dieser Shakespeare-Szene die Posse seines Gassentheaters fort, indem er in die große Politik eingreift und Danton verhaftet. Das *muß* einfach so vor sich gehen, daß der Dialog ausschließlich aus Ferkeleien besteht: Dionysos wird unter Worthurereien abgeführt.

II, 7. Beendete den ersten Akt die Privatentscheidung Robespierres, Danton zu opfern, wird dieser Entschluß am Ende des zweiten öffentlich durch den Nationalkonvent ratifiziert: Die Handlung verläuft konzentrisch, stagnierend.

Danton steht unter der Anklage des Hochverrats; Legendres Bedenken findet trotz der fundamentalen Verunsicherung der Delegierten durch Dantons zu erwartende Hinrichtung keine Mehrheit. Noch weniger sein Antrag, Danton zu hören. Robespierre und Saint Just müssen ihre ganze Demagogie aufwenden, um zu verhindern, daß die „Dogge mit Taubenflügeln" (108/49) durch ihre persönliche Präsenz doch noch zeigt, daß Männer Geschichte machen können. Robespierre will den Zuhörern weismachen, daß besser ein Mann stirbt als das Volk, St. Just trägt eine Grundsatzrede vor, die unten als Musterbeispiel Büchnerscher Rhetorik besprochen ist. In diesen Reden hat sich die Revolution verselbständigt; nur die Redner wissen noch nicht, daß Saturn auch sie fressen wird.

2.3
Dritter Akt: Gott und die Welt

Der zweite Akt endet mit den welthistorischen Zynismen Saint Justs, die den Fortgang des Terrors aus der Teleologie eines Weltgeistes deduzieren, der dritte beginnt mit einer theologisch-philosophischen Disputation über die Nichtexistenz Gottes. Saint Just rechtfertigte die Geschichte, entwarf eine „Historiodizee", deren Opfer diejenigen sind, die hier im Kerker alles daransetzen, die Theodizee, die Rechtfertigung Gottes trotz des Leidens in der

2. Akt

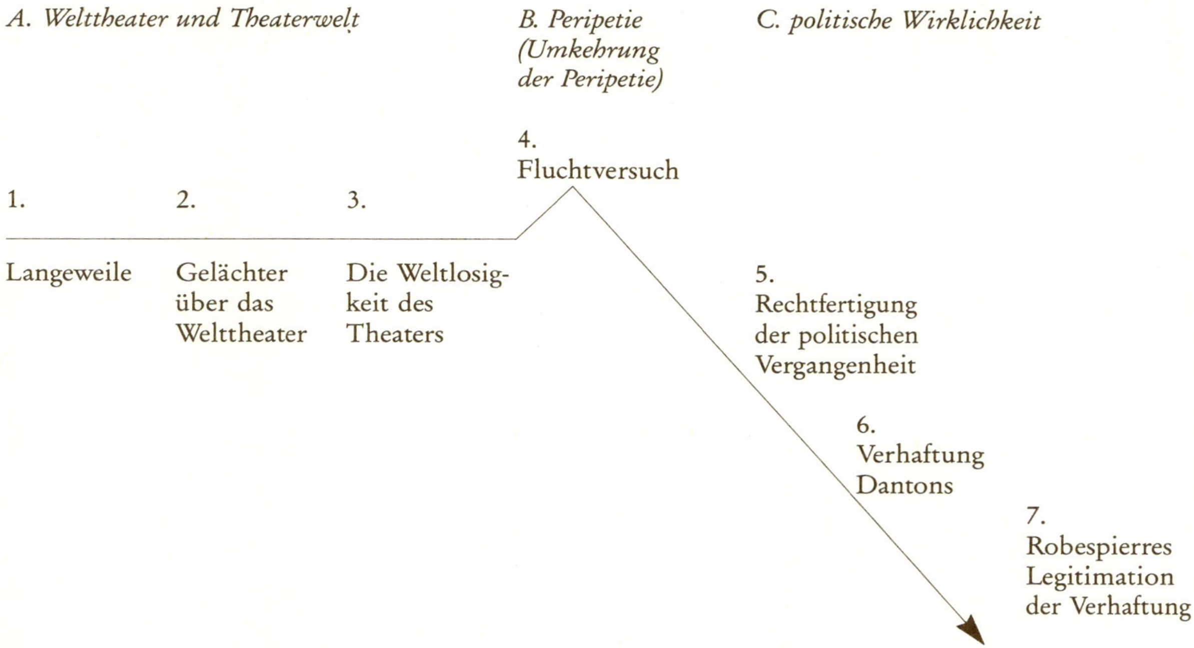
A. Welttheater und Theaterwelt
B. Peripetie (Umkehrung der Peripetie)
C. politische Wirklichkeit
1. Langeweile
2. Gelächter über das Welttheater
3. Die Weltlosigkeit des Theaters
4. Fluchtversuch
5. Rechtfertigung der politischen Vergangenheit
6. Verhaftung Dantons
7. Robespierres Legitimation der Verhaftung

Welt, zu widerlegen, um ihr vernunftgetragenes Selbstbewußtsein angesichts des Chaos in der Geschichte nicht zu verlieren. Dazwischen liegt die „Handlungsachse“[45], Dantons Verhaftung.

Die Räume des dritten Aktes sind ausschließlich forensische. Zwischen Kerker und Tribunal (bzw. den Räumlichkeiten des Justizpalastes) entwickelt sich ein der Situation des ersten Aktes vergleichbarer Dualismus, auch äußerlich ein Alternieren und scharfes Kontrastieren von Draußen und Drinnen, Aktion und Reflexion, machtpolitischer Intrige und machtlosem Ausgeliefertsein, Staatsaktion und psychischem Drama, so daß sich der Kerker, der „Vorraum des Todes“[46], paradoxerweise als Ort und Hort der Menschlichkeit herausstellt.

Höhepunkt, ohne Peripetie zu sein, hat der Akt eine Tendenz zur Präzipitation aufs Ende hin, allerdings nur in den politischen Szenen; in den Reflexionsszenen verweilt er um so pointierter. Entschied sich im ersten Akt Dantons Schicksal durch Robespierres „Todesurteil“, wurde dieses im zweiten indirekt durch die Nationalversammlung bestätigt, ratifiziert es hier das Revolutionstribunal in einem skandalösen Prozeß; das Volk tut sein *„crucifige!“* dazu.[47] War der zweite eine dem psychischen Gleichgewicht Dantons gewidmete *ars moriendi*, eröffnet sich jetzt ein theologisch-philosophischer Horizont und geht das Fragen nach dem Sterben und dem Tod in einer existentiellen Tiefendimension weiter, die auch die Zeitentiefe der Geistes- und Denkgeschichte auslotet, um Antwort zu erhalten. Nicht Historiodizee und Theodizee sind der letzte Grund des Fragens, sondern die „Thanatodizee“[48] – so Feuerbachs Begriff, hier: die Rechtfertigung des Todes im Angesicht des Fallbeils.

III, 1. Ausgerechnet Chaumette, genannt Anaxagoras, der dem Kult der Göttin Vernunft in Notre Dame Einlaß verschafft hatte, bedarf der Seelenstärkung, der Bestätigung der Richtigkeit seiner Lebensphilosophie vor der Grenze des Todes. Er übernimmt damit die Rolle Anachasis Cloots', der, wie überliefert ist, seine Mitgefangenen ermutigte, auch im Tode nicht vom Atheismus zu lassen. Ein ernster, tiefernster Anlaß für dies Gespräch über die letzten Dinge, aber eine in ihrer Borniertheit gleichwohl buffoneske Figur und eine Antwort auf ihre Frage, die ein augenzwinkerndes Concetto aus den Argumenten der Fundamentaltheologie und der Religionskritik enthält: Das ist Büchners Art, Gewichtigstes leicht zu präsentieren. Payne, der historische Paine, hat hier die Aufgabe, die Nichtexistenz Gottes zu „beweisen“, so bewältigt, daß die klassischen Argumente von der Gnosis über Augustinus bis Kant bunt gewürfelt vereinigt sind, so nämlich, daß die Form, die syllogistische des traditionellen Gottesbeweises, zur parodistischen Umkehrung der Beweise von der Nicht-Existenz, zum Antigottesbeweis, verwandt wird. Payne also, der Chaumette „katechisieren“ (105/46) will, tut das genaue Gegenteil davon: Wie der christlich Sterbende sich unter Assistenz des Seelenhirten der ewigen Seligkeit versichern mag, zeigt Büchner ein aufgeklärtes Sterben, das seine Tröstung in der Nichtexistenz von Tröstungen sucht. Sukzessive erledigen Payne und Hérault den aristotelisch-scholastischen Gottesbegriff (Gott und Zeit sind inkompatibel), die pantheistische Gottesvorstellung (Vollkommenes und Unvollkommenes sind ebenfalls inkompatibel), den biblischen Gott (der schaffende Gott ist ein Anthropomorphismus), den manichäischen Dualismus (Gut und Böse vereinigt, ergeben Nichts), den moralischen Gottesbeweis Kants (nach Payne ein Zirkelschluß) und zugleich die Theodizeefrage („Man kann das Böse leugnen, aber nicht den Schmerz“, 107/48). Natürlich wußte Büchner, daß Beweise der Existenz wie der Nichtexistenz Gottes zu den Aporien der reinen Vernunft gehören und also nicht durchführbar sind; weshalb die Szene aus der Beweisform ihre ironischen Wirkungen bezieht: Auch der Atheismus erhofft sich Beweisbares. Gefühl und Verstand gehen – auch bei aufgeklärten Menschen – getrennte Wege.

Durch diesen umfangreichen Prolog zu Dantons Eintritt ins Gefängnis eingestimmt, empfangen die früher Inhaftierten Danton eher moderiert. Danton, der mit seiner eignen Wirkung konfrontiert wird, muß sich von den Girondisten (vor allem Mercier) sagen lassen, daß sie ihn nicht aus der Verantwortung für ihr Schicksal entlassen, während die Freunde (Lacroix) nur mit stiller Verblüffung registrieren, daß Danton gewarnt worden war und diese Warnung nicht weitergegeben hatte; noch einmal, als Schwanengesang gleichsam, beruft Danton sich auf sein Leitmotiv: „ich dachte nicht, daß sie es wagen würden“. Obwohl gleichfalls an den Septembermorden beteiligt, gewinnt Camille an Sympathien, weil er „das Wort Erbarmen gesprochen“ (108/49).

III, 2. Die Oberwelt alterniert mit der „geôle“ (im Französischen ein Wort für „Gefängnis“): Sie ist der Ort der Intrigue, des „Urbösen" – wie es Schiller sah. Der Präsident des Tribunals und der öffentliche Ankläger verständigen sich über das Vorgehen beim Prozeß: Sie lancieren gefügige Marionetten ins Geschworenengremium, statt sie auszulosen, und verknüpfen den politischen Prozeß mit den anstehenden Kriminalprozessen.

III, 3. Die Dantonisten warten auf die Vorführung vor dem Tribunal; scheinbar beiläufig entwickelt sich ein Grundlagengespräch über den Zusammenhang von Sprache und Politik: „Geht einmal euren Phrasen nach, bis zu dem Punkt wo sie verkörpert werden." Merciers Warnung vor dem Systemdenken ist zugleich eine Warnung vor der dem System sich ausliefernden Sprache, hier besonders der demagogischen Rhetorik. Drei solcher euphemistischer „Phrasen" („Die Gleichheit schwingt ihre Sichel" usw.) zitiert er als Beispiel und wendet sie mit Hohn auf ihre Verursacher an. Wie recht er hat, wie Rhetorik „die Galerien" (110/51) fanatisiert, hat das Drama bis zu diesem Punkt zur Genüge gezeigt und wird es gleich wieder zeigen.

Danton, der sich schuldig bekennt, steht ratlos vor dem Paradox, daß das Tribunal, von ihm selbst gegründet, um Morden aus dem Affekt zu verhindern, dasselbe – nur auf bürokratischem Weg – an ihm selbst praktiziert.

III, 4. Also kritisch eingestimmt, hört der Zuschauer Danton zum ersten Mal als Redner, aber nicht auf dem Podium der Politik, sondern dem der Justiz: um sein Leben kämpfend, wie es – theoretisch – nicht mehr zu erwarten gewesen wäre. Der Epikureismus findet seine praktische Grenze in diesem „letzten, elementar physischen Sich-Aufbäumen"[49], in dem noch einmal die „Dogge" anschlägt. Der, der eben noch in Frage stellte, daß Männer Revolutionen machen, nimmt jetzt den Kampf mit dem ganzen Kollektiv und der Intrigue auf: „Das Schicksal führt uns die Arme, aber nur gewaltige Naturen sind seine Organe." (111/53) Ein leidenschaftlicher, instinktsicherer Vollblutpolitiker hat seine Hamlet-Maske abgeworfen, ohne eine Hoffnung auf Freispruch zu hegen. Genau betrachtet, antwortet die Verteidigungsrede gar nicht auf die Anklage der konterrevolutionären Konspiration, sondern besteht ausschließlich aus Selbstlob, über die Rampe hinweg an die Nachwelt adressiert. Das affektisch-pathetische, durchaus nicht widerspruchsfreie Reden scheut sich nicht, auch die Septembermorde zu den Verdiensten zu rechnen, jene Septembermorde, die Danton zuvor (II, 5) den Schlaf gekostet hatten. Die Marionetten des Gerichts verzwergen; Danton hat ihnen mit seinem ersten Wort schon das Konzept aus der Hand genommen und ihre Strategie gestört. Er kann nur durch den Abbruch der Sitzung zum Schweigen gebracht werden.

III, 5. Der Aufschrei Dantons, das hat schon der Beifall der Zuhörer gezeigt, ist nicht ohne Wirkung geblieben; trotz aller Vorsichtsmaßnahmen des Apparats „schwanken" die Geschworenen. Das verrät ein Kassiber, das dem britischen General Dillon im Gefängnis zugespielt wird. Doch der Plan des betrunkenen Generals, Danton zu befreien und das Volk aufzubieten, wird von der Kreatur Laflotte umgehend verraten, um selbst den Kopf aus der Schlinge zu ziehen. Der Schurke darf seine Tat auf der Bühne rechtfertigen: Auch er ist ein Epikureer und der Schmerz „die einzige Sünde" (114/56).

Dies Satyrspiel zum historischen Trauerspiel der vorhergehenden Szene korrespondiert der anderen Judasszene, in der Simon Danton verhaftet (II, 6), und stellt das historische Pathos der Danton-Rede ins Zwielicht, der gemäß „große Naturen" Organe des Schicksals seien. Statt dessen sind es die kleinen Rädchen im Getriebe, die Dantons Schicksal beschleunigen: Die Denunziation erst gibt dem Richter den Vorwand für das Todesurteil an die Hand. Obwohl sie retardierend wirkt, steht die Szene zu Recht im Zentrum des Aktes; denn auf den Akt allein bezogen hat sie Peripetiefunktion. Dantons „Stimme" hat die Gegner trotz ihrer illegalen Machenschaften anscheinend an die Wand gedrückt; jetzt könnte Hoffnung aufkeimen. Es bedarf eines erneuten Umschlages der Handlung in ihr Gegenteil. Zudem vereinigen sich Kollektivstrang und Privatstrang: Ohne die Kollaborateure aus der Unterwelt wären auch die auf dem Olymp ausgeliefert.

III, 6. Welcher Art diese Olympier sind, malt die Szene breit aus. Der Orkus ist tatsächlich oben. Mit dem Urteil über Danton sprechen die Revolutionäre ihr eigenes Urteil; Robespierre ist in dieser Schar der sadistischen Machtpolitiker der einzige, der ein moralisch-politisches Programm verfolgt (St. Justs „Programm" ist eher ein hybrides Kalkül); deshalb muß er nach der Konventssitzung von der Bühne verschwinden, um nicht mit seiner *queue* der Rechtsbrecher, Schieber und Opportunisten verwechselt zu werden. 1953 schrieb Dürrenmatt zum selben, mittlerweile aber verschärften Problem von der Gestaltlosigkeit der Politik: „Kreons Sekretäre erledigen den Fall Antigone. Der Staat hat sein Gesicht verloren (...).“[50]

Das erste Szenenfragment zeigt in sprechenden Vergleichen (Jupiter, Siegfried), was am zweiten der drei Verhandlungstage hinter der Bühne vor sich gegangen ist: Die Dantonisten verlangen Zeugen und scheinen aufgrund der Macht der Persönlichkeit Dantons die Volksmeinung auf ihre Seite gezogen zu haben; selbst die Septembermorde wirken in dieser Situation wie eine Siegfriedhaut. St. Just verlangt – gegen das Gesetz – Schluß der Debatte.

Im zweiten Segment weitet Büchner seine Anspielungen auf Lessings *Emilia* weiter aus: Wie Hettore Gonzaga „recht gern“ das Todesurteil zwischen Tür und Angel unterzeichnet hätte, so behandelt Collot d'Herbois, der Schauspieler und Theaterdichter, die Bittschrift einer Gefangenen, die um den baldigen Tod einkommt. Barrère, einst gemäßigter Girondist, lacht pflichtschuldigst mit den Henkern, die er später als „Ungeheuer“ apostrophieren wird.

Nach einer weiteren Zäsur bringt St. Just die Nachricht von Laflottes Denunziation; seine taktischen, eher kriminell zu nennenden Überlegungen zur weiteren Verhandlungsführung bringen ihm das pathetische Lob Collots ein („die Lava der Revolution fließt“, 116/59), das aber dadurch schon kommentiert wird, daß es eine jener Phrasen ist, die bis zu ihrer Verwirklichung zu verfolgen das Anliegen Merciers war (vgl. 110/51). Die Szene selbst zeigt es auch: Die Revolution ist alles andere als ein Vulkan, sondern ein Getriebe, in das der Sand der Korruption geraten ist und das mit Finten, Tricks und Intriguen wieder flott gemacht werden soll.

Das Nachgespräch bestätigt die Distanz der Revolutionspraktiker zum Tugendprinzip Robespierres und zu diesem selbst: Die Banditen der Revolution plaudern über ihre Maitressen und Orgien, bereiten aber indirekt schon den Sturz Robespierres vor, indem sie sich von dem „impotenten Mahomet“ (117/59) zunächst noch verbal distanzieren.

Allein übrig bleibt im letzten Szenenfetzen Barrère, der Opportunist: Wie Robespierre, wie Danton erlebt er eine Gewissenskrise, rechtfertigt aber seinen Gesinnungswechsel – im Unterschied zu Danton – wie Laflotte: Lieber töten als getötet werden.

III, 7. Dem forensisch-deklamatorischen Höhepunkt in III, 4 entspricht der meditativ-expressive vor dem „inneren Tribunal“

(Schiller) und setzt den Kontrast dazu. Der Danton, der dort angab, das Leben sei ihm zur Last (vgl. 111/52), ist nicht mehr der Tribun, sondern der armselige Mensch, den das Grauen vor dem Sterben packt; der, der eben noch versprach, in den Armen des Ruhmes entschlummern zu wollen, weiß, daß dieser Euphemismus verdeckt, was er das „Mühlwerk“ (118/60) der Todesmaschinerie nennt; der dort versprach, daß das Nichts „bald sein Asyl“ (111/52) sein werde, kann sich nun der schmerzhaften Einsicht nicht mehr versperren, daß aus etwas nicht nichts werden kann – eine Einsicht, die er mit dem Philosophen Büchner teilt.[51] Der Danton, der hier spricht, drechselt keine „Phrasen“ mehr, der ringt sich das Bekenntnis mangelnder Todesreife ab: „Ich kann nicht sterben.“ (119/62)

Ganz unscheinbar beginnt der Dialog bei einer Besprechung des Auftritts vor Gericht, führt dann zur lebensphilosophischen Klage über den bürokratisch verordneten Tod und zum Ruhewunsch Dantons. Erst Philippeaus, des Theisten, goethezeitliches Bekenntnis zur Ruhe in Gott und zur Metamorphose provoziert Dantons Antithese von der Ruhe im Nichts, der epigrammatischen Reflexion dieses Satzes und dem paradoxen Schluß, daß das Nichts sich ermordet habe, weil etwas, und nicht nur etwas, sondern das ganze Gewimmel der Schöpfung, unbestreitbar *sei*. Keine Rede also von Nihilismus, im Gegenteil: die Gewißheit, daß auch mit dem Tod nicht die wünschenswerte Vernichtung zu gewärtigen sei. Nur ein Liebestod könnte die Ruhe bringen, die Danton sich schon in der ersten Szene von Julie versprochen hat. Das alles spricht Danton im Grunde nur für sich; lediglich Camille versucht einen inkompetenten, die Metaphorik Dantons nicht fortsetzenden, sondern verfehlenden Einwurf („das Nichts ist der Tod, aber er ist unmöglich“); die anderen Freunde schweigen.

III, 8 – 10. Wie er es sich vorgenommen hat, „schreit“ Danton. Seine Taktik geht dahin, nicht nur Zeugen für die Anklage einzufordern, sondern zum Gegenangriff überzugehen und seine Ankläger des Hochverrats anzuklagen. Sein Appell überspringt die Schranken des Gerichts und fordert eine Volksabstimmung (auch er spielt auf den Schlüsselreiz von der sozialen Revolution an, der er doch bisher das Volk mit seinen Zynismen bedacht hat). Fouquiers amtssprachlich-umständlich formulierte Juristenlist von der Konspiration, über die jetzt ein Bericht vorliegt (Szene 8),

III. Akt

	Justizpalast	*Kerker*
	(Oberwelt Staatsaktion Intrige)	(„Hades“ Innenbühne philosophische Besinnung)
III, 1		„Theodizee“ Verhaftung Dantons
III, 2	Absprachen von Richter und Ankläger vor der Verhandlung	
III, 3		Die Sprache in der Politik und ihre Folgen
III, 4	Dantons Verteidigungsrede	
III, 5		Konspiration zugunsten Dantons
III, 6	Absprachen zur Prozeßführung, Denunziation	
III, 7		Diskurs über das Nichts
III, 8	Geständnis der Verschwörer	

III, 9/10
Das Urteil

kann sich dagegen nicht durchsetzen: Die Sitzung muß wieder mit Gewalt geschlossen werden; das Urteil des Gerichts findet auf der Bühne nicht statt, weil das Volk sein Urteil spricht. Hat es die Sitzung mit einem „Evviva" auf Danton und einem „Abbasso" auf die Decemvirn beschlossen, so beginnt die letzte Szene des Aktes, eine *Coriolan-Szene*[52], mit der (chiastischen) Verkehrung der Rufe und endet mit einem „Evviva" auf Robespierre. Das Volk, zunächst verführt durch Dantons Persönlichkeitswirkung, wohl auch durch seinen Hinweis auf die ausstehende soziale Revolution, läßt sich erneut verführen durch den „Bürger", der einander durch die die Fassungskraft der „Weiber" übersteigende Paralogismen „beweist", daß Danton ein Verräter sei. Der Epikureismus seiner Lebensführung bricht diesem das Genick, weil er als Beweis seiner monarchistischen Umtriebe gilt. So trägt der Moralismus den äußeren Sieg über den Epikureismus davon. Dantons Urteil hat der Wankelmut des Volkes gesprochen. – Man kennt den Vorgang aus der Bibel.

2.4
Vierter Akt: Eros und Thanatos

„Es ist aus." (122/65) Der Kampf ist vorbei. Die Dantonisten und ihre Frauen bereiten sich zum Tode. Das Verhältnis von Liebe und Tod bestimmt die versiegende Handlung. Die Struktur unterstreicht die Bedeutung des Liebestod-Motivs: Nicht die spektakuläre Hinrichtungsszene, sondern der Freiheitsakt Luciles beendet den Akt, der mit Julies Bekundung ihrer Liebe begonnen hat. Der Tod ist wörtlich von der Liebe umfangen; das Drama lenkt den Blick auf das, was den Tod transzendiert.

Gleichfalls von der Liebe umfangen sind die beiden Gespräche in der Conciergerie, die die Todes-Dialoge des dritten Aktes fortsetzen, in die aber zusätzlich Camilles Sorge um und seine Begegnung mit der wahnsinnigen Lucile verflochten sind. Die zweite Conciergerie-Szene mit ihrem Verzweiflungskanon über das Weltenchaos und der Abfahrt zur Hinrichtung bildet die Achse, um die radial die beiden Frauen-Szenen angeordnet sind: Lucile in ihrem Wahnsinn in der vierten, Julie sterbend in der sechsten.

Der Revolutionspöbel, der gegen Ende des dritten Aktes eine handlungsbestimmende Funktion übernommen hatte, darf das

Zentralthema nur akkompagnieren. Als trübe Folie des hohen Themas ist er eher im shakespeareschen Sinn um des Kontrastes willen da. Dumas, der seine Ehe auf der Guillotine zu scheiden beabsichtigt, verkehrt das Liebesthema ins Diabolische. Statt des Liebestodes befördert er den Tod der Liebe.[53]

Der trotz Dantons Tod offene Schluß verweist nicht nur über sich hinaus auf die Utopie der Liebe; im Namen dessen, wofür die Revolutionäre gekämpft haben, wird Lucile verhaftet. Mit dem Liebestod ist auch der „Tod der Revolution"[54] besiegelt, wenn auch nicht der Tod aller denkbaren Revolutionen. Nicht mehr als eine Zäsur im Fluß der Zeit[55], ist mit dem Scheitern der Revolution Büchners Frage nach ihrem möglichen Gelingen nicht beantwortet.

IV, 1. Julies Liebe bedarf der Zeichen, und ihre Liebesgewißheit, daß Danton die Locke als Hinweis auf ihren Freitod verstehen wird, muß verblüffen; war es doch dessen Skeptizismus, der schon in der ersten Szene zwischenmenschliche Gewißheiten ausschloß. Wieder zeigt sich, daß eine Philosophie in der Grenzsituation vom Zweifel in Gewißheit umschlägt. Diese somnambulische Sicherheit in der Liebe unterstreicht Büchner durch das Leitmotiv vom „allein gehen", das er transpersonal einsetzt: Dantons Furcht, „wenn ich allein ginge" (119/62), nimmt Julie ohne Kenntnis wieder auf („sag' ihm er würde nicht allein gehn", 122/65), und im erneuten Refrain findet Danton seine Sicherheit bestätigt: „Ich werde nicht allein gehn" (124/67).

Die Gebärde Julies befindet sich jenseits der historischen Plausibilität (wie sollte der Knabe in den Kerker eindringen?)[56]; auch hat sich des historischen Dantons Gattin noch zu Büchners Schreibzeit ihres Lebens erfreut. Hier ist der Mythopoiet Büchner am Werke, der seine Julie unter die großen Liebenden der antiken Literatur einreiht.[57] Die Szene ruht in sich und überspannt mit der sechsten, der Selbstmordszene, die Schrecken der Hinrichtungsvorbereitungen: Nur Julie spricht sich aus, nichts sonst dringt störend von draußen ein, die historische Zeit ist gebannt.

IV, 2. Büchners Ironie hat die vorhergegangene Szene nicht angetastet; die neue aber muß den Kontrapunkt dazu setzen. Liebe, Tod und Teufel gehören in der kompletten Welt einfach zusammen: Dumas, einer der Vorsitzenden des Revolutionstribunals, beabsichtigt eine *separatio tori, mensae et habitationis*, aber eine durch das Fallbeil („die Guillotine wird uns von Tisch und Bett trennen", 122/65). Der ehemalige Mönch steht nicht an, sich mit D. Iunius Brutus, dem legendären Begründer der römischen Republik, zu vergleichen, der seine Söhne wegen monarchistischer Umtriebe hinrichten ließ.[58] Dumas' Gesprächspartner, ein namenloser „Bürger", steht fassungs- und verständnislos vor dem Maß an Korruption, an Zynismus und Geschichtsverfälschung, das die *queue de Robespierre* im Besitz der Macht entwickelt hat.

IV, 3. Die Dantonisten liegen zu Bette; der Schlaf, der Bruder des Todes, will sich in dieser Nacht vor der Hinrichtung nicht einstellen. Legendre und Hérault spielen Totsein und erörtern die animalischen Funktionen des Körpers, die auch nach dem Tode nicht aufhören werden. Danton dagegen und Camille (auf dem zweiten Bett vereint) begegnen der Situation mit dem Pathos ihrer Liebe: Camille bewegt die Sorge, die er schon vor Gericht geäußert hat (vgl. 120/63), daß seine Lucile gleich ihm hingerichtet werde. Seinen kurzen Schlummer beendet ein klaustrophobischer, an Poe erinnernder[59] Alptraum, so daß er sich vom Wahnsinn bedroht sieht.

Im Kerker wandelt sich der Heros der Revolution zum Heros der Freundschaft. Das Paar Danton – Camille sticht aus der Bande der liederlichen, sarkastischen, aber auch wegen ihrer Wendigkeit, ihren Scharfsinn und ihren Mut imponierenden Dantonisten hervor durch die Echtheit, das Ungebrochene und Unironische, das Büchner sonst nur den Frauengestalten vorbehalten hat. Für Camille übernimmt Danton die Rolle des väterlichen Beistandes, der hier wie später auf dem Revolutionsplatz von seiner Seelenruhe auf ihn überströmen läßt und hilft, den Alp zu zerstreuen.

Zusätzlich ist Danton (während Camilles Schlaf) ein Monolog eingeräumt, in dem er sich selbst der Ataraxie versichern muß, die er Camille vermitteln will. Anaphorisch reihend („morgen ... morgen ... morgen"), faßt er in Metaphern des Dinglich-Unbelebten (Geige, Flasche, Hose), was der Tod an Wirkungen zeitigen wird. Der Mechanismus des Sterbens läßt ihn, den Vitalisten, nicht los: „Doch hätte ich anders sterben mögen, so ganz mühelos, so wie ein Stern fällt [...]." Gedanken schleichen sich ein, die sich dem Wertherismus verdanken und die manche veranlaßt haben, an Schopenhauer zu denken, Gedanken vom Leben als einer Krankheit zum Tode. Doch fehlt diesem Monolog die philosophische

Festlegbarkeit, er entspringt ganz aus der Situation und lautet auf den so einfachen wie erschütternden Ton: „s'ist so elend sterben müssen" (124/67). Ins Grab nimmt Danton die Gewißheit mit, daß er nicht allein geht: Das ist der letzte Grund für seinen neuen Heroismus im Angesicht des Todes – ein Gedanke, der sich weitab von Schopenhauer, nicht fern aber von Wagner befindet. –

Wenn literarische Helden lesen, sind ihre Lektüren wichtige Zeichen ihres Selbstverständnisses. Hier sind ihre Lektüren durch die historischen Vorbilder vorgegeben.[60] Da Camille zu Youngs *Night Thoughts* greift, Danton aber zu Voltaires *Pucelle*, webt sich der eine ganz ein in seine Werther-Krankheit, gewinnt aber der andere eine aufgeklärte Distanz zu sich selbst. Die Lektüre spricht Bände über Dantons Geistesart: Seine Revolution war eine voltairianische[61], das heißt zuletzt – eine aristokratische; sie ging am Volk vorbei. Der Lebensphilosoph verabschiedet sich angemessen vom Leben: Es ist – wie die Pucelle – eine „Hure" (125/68). Bei Nietzsche wird es viel später heißen: „Das Leben — es ist ein Weib."[62]

IV, 4. Wie die Verhaftung, so geht die Passage zur Hinrichtung vor sich, unter Zoten und Wortspielen; deshalb stellen sich auch die Huren ein, die ihre alten Kunden zum Tode bereiten wollen. Die Fuhrleute selbst sind mythologisch gebildet genug zu wissen, daß sie mit Charon einiges gemeinsam haben. Das der Humanität entfremdete Volk zeigt Büchner nicht moralisierend, sondern als eine Gegebenheit, beobachtend-„naturwissenschaftlich". Die „Geschichte von unten" zeitigt ja Opfer, denen als Reaktion nur übrigbleibt, sich über das Geschehen der Geschichte in Todesmetaphern lustig zu machen.

In harter Fügung prallt diese Shakespeare-Szene (eine Totengräberszene) auf eine weitere (eine Opheliaszene), in der Lucile, „auf einem Stein" vor dem Fenster der Gefangenen sitzend, sich Camilles Gestalt (hinter dem Fenstergitter) wie ein zu reiner Materie erstarrtes Monstrum imaginiert, das sich schon jenseits des Todes befindet. Menschliches Sterben zu begreifen ist nicht nur Luciles Wahnsinn versagt.

IV, 5. Die letzte Kerkerszene hat dieselbe Struktur wie die vorhergehende: Camilles Liebespein, durch den Anblick der verrückten Lucile noch gesteigert, wird kontrastiert vom ironischen, aber nicht minder pathetischen Dialog der anderen, in den sich schließlich auch Camille einschaltet.

Im Nebenzimmer liegt der Komödiendichter Fabre d'Eglantine, der Verfolger der Hébertisten; *des vers* – so Dantons Kommentar – hat er im Leben gemacht und wird er im Tode machen: Verse und Würmer. Das ist die Überschrift, unter der alles folgende zu lesen ist: Wer „Verse" macht, wird bald Würmer nähren. Die hohen Worte, die jetzt gesagt werden, haben alle den Wurm in sich.

Zunächst läßt sich Danton noch einmal epigrammatisch auf eine Legitimation seiner Politik ein – nicht mehr kämpferisch, sondern *sub specie aeternitatis.* Er fühlt sich unentbehrlich für die Revolution und will an eine Wirkung seiner Taten über den Tod hinaus glauben, wird aber von Lacroix' und Héraults Ironien auf den Boden der Tatsachen zurückgebracht: Das waren „Phrasen für die Nachwelt" (128/72). Auch Camille hilft jetzt kräftig bei der Demaskierung des Heroismus mit und führt Danton auf seine eigene Rede vom Welttheater zurück, weil er den Rückfall ins Rollenspiel dem nicht durchgehen lassen will, der sich selber anheischig machte, anderen die Absätze vom Kothurn zu treten. Die Enthüllung der Pose zeigt den natürlichen, den bloßen Menschen jenseits der Politik.

Unter solchem Vorzeichen gelesen, ist die berühmte Fuge über die ewig lachenden Götter schon *a priori* als Theaterpose entschleiert. Die Gegenstimme darin, Philippeaus Theodizee-Gerede, und das Kopfthema, die in immer neuen Bildern beschworene Freude eines bösen Gottes am Leiden seiner Geschöpfe, werden gemeinsam von dieser Voraussetzung geprägt. Der „Karussellorgelton des Gleichlaufs"[63] variiert nichts anderes als das eine *Lear*-Wort[64], daß der Mensch den Göttern, was Fliegen müß'gen Knaben. Die Fugenform unterstreicht die Kollektivität des Bewußtseins von der Weltenqual, bildet aber auch die ewige Wiederkehr ab und läßt eine Coda zu, deren Theatralik im Unlogischen unüberhörbar ist: „Die Welt ist das Chaos. Das Nichts ist der zu gebärende Weltgott". In dieser Tonlage wär's wohl fortgegangen, wenn nicht der Schließer mit seiner abrupten Einladung zur Abfahrt dem Theaterspiel ein Ende bereitet und Danton von seinem Lieblingsthema zur Wirklichkeit zurückgebracht hätte. Die Umarmungen der Freunde, nicht ihre kosmisch-mythologischen Eruptionen, sind das Eigentliche. Ausgerechnet der Spötter Hérault findet zurück zu unverstellten Tönen: „Freue dich Camille wir bekommen eine schöne Nacht." (130/73)

IV, 6. Im Bild der Sonne sieht Julie den sterbenden Danton, wobei sie, ihr unbewußt, den Metaphern Héraults aus der letzten Szene („Olymp mit verbleichenden, versinkenden Göttergestalten") respondiert. Sie (wie Egmonts Klärchen)[65] stirbt ihm nach wie der Trabant Erde dem Leitgestirn: „Stets bleicher und bleicher wird sie, wie eine Leiche treibt sie abwärts in der Flut des Äthers".

„Ich gehe leise" (130/74): Der Theatralik des Sonnenuntergangs verbindet sich ihr Verlöschen als ganz privater, unpolitischer Vorgang.

IV, 7. Vor dem Tode sind durchaus nicht alle gleich. Hérault bleibt sich treu, er verabschiedet sich mit obszönen Witzen und kommentiert ironisch den Abgang der anderen. Auch Philippeau bleibt derselbe und vergibt – christusähnlich – seinen Henkern. Lacroix dagegen, sonst immer zur Entpathetisierung neigend, fällt aus der Rolle und versucht seinem Tode staatspolitische Folgen abzugewinnen („Die Tyrannen werden über unseren Gräbern den Hals brechen"). Auch Camille verfällt ins Deklamatorische; er muß die Christus-Parallele (die klagenden Weiber) zum Überfluß auch noch aussprechen und gibt viel Mythologisches von sich, um seinem Tode die gebührende Fallhöhe zu verleihen – er darf als der Schwächste zuerst unters Fallbeil.

Danton stirbt, wie Thiers (s. u., Kap. 7.1.2) ihn hat sterben lassen[66]: ohne solche Schwäche, eine Stütze den Freunden, ohne eitle Apostrophe an das Volk. Der Freundschaft, die auch der Henker nicht zerstören kann, gilt das letzte Wort, auch das des historischen Danton: „Kannst du verhindern, daß unsere Köpfe sich auf dem Boden des Korbes küssen?" (131/75)

Die Szene macht Dantons Wort wahr: „Wir stehen immer auf dem Theater, wenn wir auch zuletzt im Ernst erstochen werden." (82/31) Jeder hat sein Todes-Bonmot zum besten gegeben, die Vetteln haben applaudiert oder gepfiffen: Beinahe gerät das Köpfen zur Farce („es ist recht gut, daß das Sterben so öffentlich wird", 132/76), wenn nicht Dantons Wort die Farce transzendierte und Héraults sprachkritische Skepsis sich ihr entzöge.

IV, 8. Gleich zu Beginn des Dramas (I, 2) hat der Souffleur Simon das Modell in den Schmutz seiner Parodie gezogen, nach dem Lucile handelt: Porcia, die ihrem Gatten in den Tod folgt. Bei Shakespeare ist davon zu lesen, aber auch Fieskos Leonore imitiert diese Rolle[67]. Luciles Wahn-Sinn, der das Sterben nicht begreifen

IV. Akt: Tod und Liebe, Liebestod

IV 1 Julies Liebes- botschaft – Ankündigung des Liebestodes			IV 4 die leidende Julie vor dem Gefängnis		IV 6 Julies Liebestod		IV 8/9 Luciles Liebestod	**Liebestod**
		IV 3 Camilles Liebessorge – Julies Liebes- beweis für Danton – Freundschaft der Danto- nisten	Camilles Reaktion	IV 5 Camilles Liebessorge		IV 7 Abschied der Freunde		**Liebe**
	IV 2 Dumas: Scheidung durch die Guillotine		die Huren und ihre ehemaligen Kunden	„Die Welt ist das Chaos“		die Hinrich- tung die spotten- den Weiber	die Weiber, die Henker	**Tod**

kann, beansprucht die Wahrheit, die Widerlegung der Theodizee konkret zu erfahren, über die die Männer im Kerker philosophiert haben: „Der Strom des Lebens müßte stocken, wenn nur der eine Tropfen verschüttet würde." (132/76) Die konkreten Schmerzen des einzelnen Wesens reichen aus, um den „Strom von Harmonien" in eine universale Dissonanz zu modulieren. Die Frage Paynes „Warum leide ich?" (107/48) klingt ungelöst der politischen Posse hinterdrein.

IV, 9. Der Henker singt vom Rendezvous mit „de Menscher" (132/77), Lucile vom Tod. Liebe und Tod ergeben den Reim und Gleichklang, auf den der Akt, ja das Drama als Ganzes gestimmt sind. Der harte Schnitt, der die Henkerszene von Luciles Endspiel trennt, verbindet beide um so inniger.

Luciles Anklage gegen den „Riß in der Schöpfung" (107/48) wandelt sich zur reinen Klage: Lucile, auf den Stufen der Guillotine, des „Todesengels" – eine inspirierte Erfindung Büchners –, singt das Lied vom Schnitter Tod; auch dessen Metaphorik „stimmt" zur „Sichel der Gleichheit" (vgl. 110/51). „Was sie aus dem Wahnsinn ein reizendes Ding gemacht hat" (128/71), meinte vor seinem Tode Camille; doch die kindlichen Euphemismen, mit denen sie das Todesgrauen beschönigt, täuschen sie nicht über die Wirklichkeit hinweg. In bewußter, klarer Verantwortung beansprucht sie für sich die Freiheit der Selbstvernichtung. Die Revolution muß noch den Irrwitz begehen, auch sie zu morden. – Ein Dramenschluß wie von Schiller.

3
Bauformen

Man hat sich angewöhnt, Büchners Dramen unter dem Etikett „Drama der offenen Form“ zu führen. Eine solche Typologie vergewaltigt immer ein Einzelwerk und hat doch heuristische Funktion; angesichts der besonderen Gestalt von *Dantons Tod* jedoch scheint es angemessener, von einer Übergangsform zu sprechen, die in einer „Übergangszeit“, der zwischen Klassik und Moderne,[68] sich entwickelt. Mißverständlich wäre es, die Form des *Danton* vom *Woyzeck* her zu beurteilen; denn einen *Woyzeck* letzter Hand gibt es nicht, und folgenschwer wäre der Irrtum, wenn man dies Fragment zum Prototyp einer offenen Form erklären und den Zufall des Entwurfscharakters für die Absicht des Erblassers halten würde. *Dantons Tod* jedenfalls, obwohl antiklassizistisch beabsichtigt, ist durchaus nicht rundum antiklassizistisch konzipiert – sei es, daß Büchner Baupläne des Klassizismus für durchaus applikabel hielt, sei es, daß die Vorbildwirkung der Weimarer trotz aller kritischen Distanz sich nicht immer distanzieren ließ. Daß Büchners Perspektivismus, seine Systemfeindschaft, seine Desillusionsthematik nach der offenen Form hin tendieren, liegt in der Natur des Dramas begründet, braucht aber nicht zu heißen, daß es – im Sinne der Klassik – schlecht gebaut sein muß. Wo alles darauf zielt, den „Riß in der Schöpfung“ (107/48) nachzuvollziehen, kann das Gebilde natürlich keine harmonischen Formen suchen.

Die Szene. Daß eine Szene sich aus einer Szenenexposition entwickelt, findet sich selten. Büchner liebt es, gleich *medias in res* zu gehen. Die Situation muß der Zuschauer aus den indirekt erfolgenden Informationen erschlüsseln. Durchaus nicht immer schließt die folgende Szene im Handlungsverlauf an die vorausgehende an; regelrechte Ausschnitte oder Ausrisse aus dem Totum der Dramenwirklichkeit (Fetzenszenen) finden sich aber ebenfalls nicht, obwohl sie schon im Sturm und Drang, besonders bei Lenz, gang und gäbe waren. Selten auch ruht eine Szene monadisch in sich selber, obwohl die Autonomie der Szene immer wieder behauptet und diese Behauptung ohne Überprüfung tradiert wurde.[69] Ausnahmen sind vielleicht die Marion-Szene (I, 5) und St. Justs Rede (II, 7), aber auch in der ersten mündet der epische Bericht nach einem Zwischenspiel wieder in die Reflexion der politischen Notsituation ein und schafft Spannung durch den Kontrast, und die letzte grundiert das revolutionäre Geschehen mit der ihm eigenen Philosophie. Beide sind allenfalls Digressionen, wovon sich nur reden läßt, wenn ein Ganzes existiert, von dem abgeschweift wird. Selbst die Szene, in der Julie die Locke löst, damit sie der Knabe Danton als Liebespfand überbringt (IV, 1), verweist deutlich auf eine Fortsetzung, die Bestätigung des Erhalts durch Danton (IV, 3).

Die in sich klar konturierten und strukturierten Szenen sind des öfteren nach der Form des kleinen Rondos (a – b – a) komponiert und erwecken vielleicht deshalb den Eindruck des Abgeschlossenseins. In der zweiten Szene spielt Simon seine Virginius-Farce, wird unterbrochen vom revolutionären Geschehen (der Empörung des Volkes über die Aristokraten und der Bestätigung durch Robespierre) und begleitet den Abgang des Politikers mit neuen theatralischen Posen. Oder in etwas abgewandelter, „synthetischer" Form: Die Eingangsszene beginnt mit einem Kartenspiel, wird unterbrochen durch die Proklamation des dantonistischen Staatsideals und endet bei Dantons spielerischem Umgang mit der Politik; beide Wirklichkeits- und Bildbereiche vereinigen sich im abschließenden Wortwechsel. In antithetischer Weise gerundet, präsentiert sich die letzte Szene des dritten Aktes: Das Vivat auf Danton ist auf die Gasse vor dem Justizpalast gedrungen, einige stimmen darin ein; Agitatoren stören planmäßig die Einstimmigkeit; am Ende ist aus dem Hosianna ein *crucifige* geworden.

Solche Karussellszenen entsprechen der Karussell-Philosophie der Hauptgestalten. Es geht nicht geradeaus, sondern rundherum: „Schlafen, Verdaun, Kinder machen das treiben Alle, die übrigen Dinge sind nur Variationen aus verschiedenen Tonarten über das nemliche Thema." (128/72) In diesem Sinne verhindert der Selbstwert, das Eigengewicht der Szene, an einen „Fortschritt" zu glauben, weshalb Gerhart Baumann immer wieder die Zeitlosigkeit einiger Szenen betont hat.[70] Vor allem Dantons Sprechen rundet Szenen sentenziös ab: Schon Thiers hatte seine Episoden gnomisch beendet, wobei das Ende der einen freilich zum Ausgang der neuen wurde.[71] Auch der Dramenschluß hat teil an dieser Spannung: offen für den Thermidor, schließt er die Szene doch gnomisch ab.[72] Vor allem die internen Szenen verlassen den zeitlich-historischen Rahmen und konzentrieren sich auf den existentiellen Kern.

Im Extrem läßt sich das wiederum an Marion verfolgen, deren Epikureismus nicht der Bindung an die Geschichte unterworfen, also nicht durch die Historie, sondern durch den Tod gefährdet ist. Die Schlußszene schließt nichts ab, sondern läßt das Drama als überdimensionale Ellipse erscheinen.

Der Akt. Ist es falsch, von Symmetrie, Proportion und Harmonie als Aufbauprinzipien zu sprechen, so ist doch zu beobachten, daß Büchner die Einzelelemente in eine *liaison des scènes* eingebunden hat. Auch die beschriebenen Karussellszenen sind von ihrer Position im Drama nicht zu verrücken, lassen sich selten vertauschen. Die Akteinteilung dominiert die Komposition.[73] Es fehlen die Finalität und damit die nach Aristoteles zu erwartende Abfolge der Handlung, da mit der Überschrift das Ende schon vorweggenommen und der zentrale „Held" entmachtet ist. Es fehlt aber nicht eine aktinterne Finalität, die jeweils auf die Schlußszene zielt, in der zunächst Robespierre (1. Akt), dann der Nationalkonvent (2. Akt) und das Revolutionstribunal samt dem Volk (3. Akt) ihr Urteil über Danton sprechen.[74] Der vierte Akt liegt jenseits des historischen Dramas. Akzeleration und Retardation, Peripetie und Katastrophe, Finalität und Präzipitation, alle diese Strukturprinzipien des klassi(zisti)schen Dramas sind nur in übertragenem Sinne anwendbar, weil das Drama immanent immer wieder darauf aus ist, Teleologie zu widerlegen. Deshalb läßt sich von einer permanenten Peripetie sprechen. Abgesehen davon, daß die eigentliche Peripetie dem Drama vorausliegt, findet ein ständiges Oszillieren statt, so daß jeder Akt seine eigene Peripetie besitzt, der erste in I, 4, der zweite in II, 4, der dritte in III, 5 u. 6, nicht selten aber auch die Szenen nach diesem Prinzip aufgebaut sind. Folglich fallen auch die klassische Entscheidungsstichomythie oder der Entscheidungsmonolog dahin. Im Gegenteil: Nach der Entscheidung Robespierres über Dantons Tod (I, 6) geht es im Grunde nur noch bergab. Wie oben gezeigt, hat der erste Akt die Form einer Tragödie *in nuce*, oder noch schärfer: Das Ganze ist „fünfter Akt".[75] Die Progression des Stückes führt eine Regression der ausführenden Organe mit sich. Nach Robespierres Abtreten erledigen die Helfershelfer den Fall Danton, zunächst der gleichgeschaltete Nationalkonvent, dann die *queue*, am Schluß steht der Henker als Vertreter der geschichtlichen Macht allein auf der Guillotine:[76] Das Aktionsfeld hat sich erheblich eingeschränkt. Auch das Volk steht im vierten Akt nur noch am Straßenrand; nur noch ein paar atmosphärische Figuren oder Kontrastgestalten treten auf, im ganzen hat sich das Drama aber ins Intime verlagert.

Fehlt also eine welthistorische Teleologie aus inneren, auch antihegelschen Gründen, so fehlt doch nicht der Nexus zwischen den einzelnen Szenen, als hätte Büchner bloß „addiert", ein Drama des Nebeneinander gewollt.[77] Unbeschadet einiger weniger Simultanszenen bleibt die kausale Chronologie unangetastet. Der zeitliche Rahmen ist exakt definiert. In der Regel sind die Szenen, auch wenn sie ohne Exposition einsetzen, untereinander verbunden, manchmal noch so, wie es eine illusionistische Theaterpraxis fordert, daß ein Zeitensprung durch eine intermittierende Handlung überbrückt werde – so etwa in IV, 2, wo bei der Überbringung von Julies Locke eine Straßenszene den zeitlichen Hiatus überbrücken soll.

Büchner verknüpft

a) durch einen (oft indirekten) zeitlichen Parameter[78]: Der erste Akt währt von einem Abend bis zum nächsten (eher der 28.3. als der 24.); der zweite von einem Morgen bis zum anderen (29./30.3); der dritte beginnt in der Nacht vom 30. auf den 31. und rekapituliert den Prozeß mit seinen drei Verhandlungstagen (2.-4.4.), spart aber den Verhandlungstag der Urteilsverkündigung aus (5.4.); der vierte Akt umfaßt wiederum einen einzigen Tag vom Abend des vierten bis zum Abend des fünften April. Der Akt ist die Einheit, die eine neue „Einheit der Zeit" gewährleistet.

b) durch den pragmatischen Vorgang. Mit den Quellen ist ein irreversibler Prozeß vorgegeben; an diesen Vorgang hält sich Büchner. Variabilität in gewissem Umfange war also nur da möglich, wo Nebenhandlungen (Simon I, 2; II, 2, Dumas V, 6, Marion I, 5), atmosphärische Szenen (II, 2) oder Reflexionsszenen nicht durch ihre Historizität definiert waren. Die Gewichtsverlagerung von der Haupt- und Staatsaktion zu einer Reflexion über den historischen Prozeß unterstreicht Büchners Interesse an inneren Vorgängen in der Psyche der Akteure. Das klassizistische Prinzip der verdeckten Handlung entzieht, sieht man von der Hinrichtung selbst ab, die spektakulären Ereignisse den Augen des Zuschauers, so gar, daß der heutige Zuschauer manches aus den Quellen rekonstruieren muß, was dem zeitgenössischen als selbstverständlich geläufig war, so daß der heutige dem Mißverständnis verfallen kann, die *liaison* fehle, wo doch nur ihm der Ariadnefaden aus den Händen geraten ist.

c) durch Stichwortnexus und thematische[79] Verklammerung. Es kann der Schluß der vorhergehenden Szene den Beginn der neuen explizit vorbereiten: „Gehn wir in's palais royal" (80/19), schließt die vierte des ersten Aktes, die fünfte zeigt Danton dann bei Marion. Eine subtilere Verknüpfung verbindet die Spaziergängerszene (II, 2) mit dem ästhetischen Programm Camilles in II, 3. Der vom Abgrund der Existenz erschütterte zweite Herr hat sich durchs Theater so erschüttern lassen, Camille hingegen möchte die Leute aus dem Theater auf die Gasse versetzen. Die Sonnen-Metapher verknüpft den Selbstmord Julies mit der Hinrichtung Dantons (vgl. 130/74). Von Würmern, vom Wurmfraß und von Versen ist rund um den Tod allenthalben die Rede (vgl. 123, 125, 127, 130/66, 69, 70, 74). Die Theatermetaphorik bindet das ganze Drama zusammen. Ein System von Leitmotiven (der Schlaf, der Eros, der Zufall, das Nichts, Gott usw.) schafft eine quasimusikalische Verdichtung, die auch in durchaus musikanalogen Formen (Variation, Fuge, Rondo)[80] komponiert sein kann.

d) durch Spiegelung. Sehr weit entfernt von Goethes „wiederholten Spiegelungen" scheint Büchners Ordnungsprinzip nicht zu sein. Büchner partizipiert zwar nicht am goethezeitlichen Metamorphoseglauben, läßt auch Danton sich darüber lustig machen (vgl. 118/61), doch bereitet er lebensphilosophische Gedanken vor, die zwischen Goethes Spinozismus und Nietzsches Philosophie des Werdens angesiedelt werden müssen, weil sie sich denselben Ursprüngen verdanken: Heine, Feuerbach, auch Shakespeare. Formal heißt das, daß Wiederholungen, auch Doubletten, Variationen und Kontraste, ohne symmetrisch-architektonisch angeordnet zu sein, den Lebensgesetzen entsprechen und transpersonal aufeinander verweisen. In einer handlungsbezogenen Dramaturgie wäre etwa die Szene IV, 2 redundant; sie ist des Kontrastes wegen da, das Liebesopfer Julies mit der Ehepraxis der Revolutionsbestien zu kontrapunktieren. Wiederholt gespiegelt wird auch Dantons erotischer Omnipotenz-Wunsch in der Julie-Szene wie in der Marion-Szene bis in die figurale Komposition hinein: Beide sind Aspekte seiner persönlichen Totalität. Gespiegelt werden die Judasgestalten Simon und Laflotte; beide repräsentieren eine politische und moralische Unterwelt, ohne die das Kaleidoskop der Revolution nicht komplett wäre. Gespiegelt aber werden vor allem Danton und Robespierre, so weit, daß beider Gewissensanfechtung (schließlich auch noch die Barrères) in einen forcierten Parallelismus zueinandertreten: Raum, Tageszeit, Atmosphäre, Perspektive entsprechen sich, und beider Rechtfertigungsstrategie mündet in einen Vergleich mit Christus;[81] doch soll die Spiegelung die Differenz deutlicher hervortreiben: Danton holt die Erinnerung ein, seine Tat ist nicht rückgängig zu machen; Robespierres Dimension ist die Zukunft, er tötet trotz der Skrupel aus verletzter Eitelkeit. Ja, zieht aus dem Entschluß die verstiegene Hoffnung, Christus typologisch zu überbieten (ein durch und durch mittelalterliches Vorstellungsmuster), wo Danton froh ist, aller messianischen Erwartungen entlastet zu sein.

Ganze Akte sind auf Kontrastwirkung aufgebaut, der erste auf der zwischen Protagonist und Antagonist, Eros und Politik; der dritte auf den des inneren und äußeren Dramas, Stille und Rumor, der vierte auf der von Tod und Liebe; das ganze Stück auf den zwischen Kollektivstrang (Handlungsstrang der Politik) und Individualstrang (der Reflexionsszenen)[82], auf historischem Hintergrundsgeschehen und analytischer Durchdringung, so daß die Polymythie[83] der offenen Form auf eine „Dyomythie" reduzierbar ist, wie sie auch in *Wallensteins Tod* nicht anders angetroffen werden kann. Doch reicht Büchners Kontrastprinzip über einen handlungstechnischen Dualismus hinaus: Auch der Kontrast steht als ästhetisches Zeichen für den „Riß in der Schöpfung", hier für die Gleichzeitigkeit der polaren Gegensätze im Lebensganzen: der Henker und Lucile, Dumas und Julie, Marion und Rosalie, Lucile und die Fuhrleute, das alles darf simultan auftreten. Kontraste müssen das Ganze von den größten bis in die kleinsten Einheiten durchwirken. Die „Gegensatz-Gliederung"[84] entlarvt das Pathos, demaskiert die Fratzen, verspottet die leeren Gesten. Nicht selten beschreiben die Szenen eine affektische Fieberkurve, laden sich auf, indem sie von einem beliebigen Vorfall ausgehen, sich durch das wachsende Engagement der Gesprächsteilnehmer steigern, durch Assoziationen zu existentiell wichtigen Fragen leiten, die dann chorisch oder fugal aufgegriffen werden und in einem hochpathetischen *coup de théâtre*, einem Bonmot, einem Epigramm, einer Weisheit von scheinbar metaphysischem Anspruch enden.[85]

Schiller hätte mit solchen Trompetenstößen geschlossen („Die Welt ist das Chaos"), bei Büchner tritt der Schließer ein, um mit dürren Worten zur Hinrichtung abzuholen. Solch ein Vorgang sticht die Nadel in den aufgeblasenen Luftballon. Durch eine derartige heterogene Fügung werden die Gedanken zwar nicht entwertet, aber sie werden relativiert, sie werden als Teilaspekt, als perspektivisch gebunden in ihrer Gültigkeit beschränkt und eignen sich nicht, als *heroice dicta* aus dem Kontext gelöst und zitiert zu werden. Der Psychologe Büchner, der naturwissenschaftliche Beobachter, auch der Spötter[86] kommen in solchen Gegensatz-Fügungen zu Wort. Letzte Ausformung des Kontrastes ist der Widerspruch; der Psychologe wird jeden Charakter auf Widersprüchen ertappen. Sie in Dantons Verhalten und Charakter nachzuweisen fiele nicht schwer. Der Mensch versperrt sich der Formel und wird in der Vielzahl seiner Bezüge gezeigt. In jedem ist er ganz, aber nie derselbe.

4
Die Zentralfiguren

4.1.
Danton

Eros.[87] „Wo ist Danton?“ heißt die bezeichnende Frage Legendres, als das Guillotinenthermometer auf dem Siedepunkt steht, und er erhält von Lacroix die ebenso bezeichnende Antwort: „Was weiß ich? Er sucht eben die mediceische Venus stückweise bei allen Grisetten des palais royal zusammen [...].“ (18) Danton macht sich rar in diesem Stück, wenn es um die Revolution, auch sogar wenn es um die Rettung der Freunde geht. Seine Präsenz verdankt er den Frauen und dem Eros, nicht der Politik, und auch das nur mit der Einschränkung, daß er den Eros mehr sybaritisch, in eitlem Selbstgenuß, beredet, als daß er ihn praktiziert.[88] Sein Eros ist nicht ungebrochen; sondern der Eros der in der Wirklichkeit zersplitterten platonischen Idee: „Es ist ein Jammer, daß die Natur die Schönheit, wie Medea ihren Bruder, zerstückelt und sie so in Fragmenten in die Körper gesenkt hat.“ (18/80) Der zum Ganzen der „Natur“ hindrängende Eros macht das allzumenschliche Ungenügen am Fragmentcharakter des Daseins bewußt. Dantons Verbalerotik will diesen Riß vergessen machen und belegt das gesamte Universum mit erotischen Visionen: „Ich möchte ein Teil des Äthers sein, um dich in meiner Flut zu baden, um mich auf jeder Welle deines schönen Leibes zu brechen.“ (82/20) Mehr noch, Ich und Universum wachsen im erotischen Wunschbilde zusammen, und umgekehrt gerät der Schreckenstraum vom Ritt auf der Weltkugel zu einer verunglückten erotischen Vereinigung mit dem Kosmos (vgl. 99/39). Der Eros Dantons zerbricht an den Gesetzmäßigkeiten menschlicher Existenz, zunächst denen der Individuation, die die Verschmelzung im Einen der Natur verhindert: „Warum kann ich deine Schönheit nicht ganz in mich fassen, sie nicht ganz umschließen?“ (82/20) Dann an den Gesetzmäßigkeiten des Bewußtseins, das nicht allein das Ich vom Du unterscheidet, sondern auch Erinnerung konstituiert und damit das Gedächtnis ans Handeln, vor allem ans fragwürdige Handeln bewahrt. Und zuletzt die Gesetzmäßigkeiten der geschichtlichen Bedingungen; Danton kann der Geschichte nicht entfliehn, ihre

Folgen holen ihn ein: „Morgen bist du eine leere Bouteille, der Wein ist ausgetrunken, aber ich habe keinen Rausch davon und gehe nüchtern zu Bett." (124/67) Die Idee der Schönheit wie der unendliche Genuß zerbrechen an den Grenzen der Geschichte, denn Danton wird von der Erinnerung an die Septembermorde gehetzt. Panerotik, wie er sie anstrebt, wäre nur im geschichtsfreien Raum möglich; die Marion-Szene gibt eine Ahnung davon. Statt des Medea-Mythos hätte Büchner auch den von Dionysos Zagreus bemühen können, den vom jugendlichen Vegetationsgott, den die als Frauen verkleideten Titanen in Stücke zerrissen.[89] Der Eros, den Danton will, ist ein Eros der wiedergeborenen Unbefangenheit und der Unschuld des Werdens. Deshalb findet sich hier nichts vom bürgerlichen Eheleben (Dantons anarchisches Erotisieren ist eine Erfindung Büchners; obwohl Dantons erotisches Verhalten seiner Frau für manch eine strindbergsche Szene hätte Anlaß geben können.).

Deshalb auch kein Moralisieren, sondern ein bloßes Zeigen, das so neutral ist, daß einige nicht einmal bemerkt haben, daß sich Marion in ihrem Beruf in nichts von den anderen Grisetten unterscheidet: „Marion verkörpert sowenig wie Marie den Dirnentypus, der wie Adelaide und Rosalie in *Dantons Tod* dem Broterwerb nachginge" ...[90] Deshalb die einzige Prätention Büchners, „Natur" (81/19), „Naturell" (72/8) zu zeigen. Doch will Danton sein erotisches Utopia, wo doch das politische noch aussteht – das läßt ihn scheitern und stellt seinen Hedonismus in Frage. Der Vorwurf des Bürgers besiegelt das Todesurteil über ihn: „Danton hat schöne Kleider, Danton hat ein schönes Haus, Danton hat eine schöne Frau, er badet sich in Burgunder [...]" (121/64). Diese Registerarie ist keineswegs von Volkes Stimme gesungen (der zweite Bürger provoziert das Volk, sein „Barrabam!" zu schreien), sie sagt aber trotzdem alles über den „Hunger" des Volkes, der „hurt und bettelt" (73/10), während Danton hurt und genießt.

Politik. Einen Danton, der aufs politische Handeln verzichtet hätte, hat es historisch nie gegeben. Der historische Danton hatte auch in der hier gezeigten Stunde der Revolutionsgeschichte ein konkretes „politisch-taktisches Programm": Er wollte den Kompromiß zwischen den Girondisten und den Jakobinern, er rief zur Versöhnung auf, wollte die Beendigung des Terrors und Aufhebung der Wirtschaftskontrollen, er hatte wohl mit dem Ausland

Verbindung, scheint auch bestechlich gewesen zu sein[91] und wird *nolens volens* zum Sprachrohr der reichen Bourgeoisie: „Nicht isolierende Erkenntnis verdammt ihn zur Untätigkeit, sondern ein Programm, das unvereinbare Gegensätze zu versöhnen sucht."[92] Diesen Danton gibt es allenfalls noch vor dem Revolutionstribunal (II, 4), als ihn Büchner seinen historischen Text sprechen läßt und er seine Verdienste um die Etappen der Revolution herausbrüllt. Wo der historische Danton an historischen Gegensätzen scheitert, steht hier am Anfang der Sinnverlust, der die Langeweile zeitigt. Büchner muß deshalb die Züge des Hamletischen, Zaudernden, Zerrissenen erheblich gegenüber der geschichtlichen Figur forcieren. Sein Danton scheitert nicht an einem politischen Akt, sondern hat den Glauben ans politische Agieren verloren, weil er den Glauben an die Revolution verloren hat. Für das Volk, das Telos jedes Revolutionärs, hat er nur Zynismen übrig: „[...] das Volk ist wie ein Kind, es muß Alles zerbrechen, um zu sehen was darin steckt. [...] Es haßt die Genießenden, wie ein Eunuch die Männer." (85) Das „Monument" (84) der Revolution und das Volk stehen zueinander in diametralem Gegensatz; was seine Existenzgrundlage ist, der Genuß, ist jenem Grund für das Todesurteil.

Die politischen Gründe, warum er nicht mehr handelt, weiß Danton nicht anzugeben. Ihm fehlt der Nexus zwischen Vergangenheit und Gegenwart, welche letztere er gerne totalisieren möchte. Es ist eben nicht der Hunger des Volkes, der ihm zur Einsicht verhilft, daß die Revolution gescheitert ist.[93] Der momentan überwältigende Einfluß Robespierres („das Dogma der Revolution") erklärt einiges, macht aber Dantons völlige Passivität nicht verständlich, weil doch eine Person genannt ist, gegen die ein Kampf hätte geführt werden können. Bleibt nur die Antwort, die einen anonymen Prozeß beruft: „Wir haben nicht die Revolution, sondern die Revolution hat uns gemacht." Sieht man von dem moralischen Satz „lieber guillotiniert werden, als guillotinieren lassen" (91/30) ab, fehlt bei Danton die politische Programmatik. Und auch dieser Satz bekommt einen relativierenden Kontrapunkt in Lacroix' Spott: „Er will sich lieber guillotinieren lassen, als eine Rede halten." (92/31) So bleibt also für die ersten beiden Akte nur das Bekenntnis: „Wo die Notwehr aufhört fängt der Mord an [...]." (85) Und für den dritten Akt das Aufbäumen gegen die drohende Diktatur.[94] Die positive Programmatik ist den Dantonisten überlassen. Der „tote Heilige“ (84) weiß noch nicht einmal für seinen Existenzrefrain „sie werden's nicht wagen“ eine politische Begründung.

Ironie. Das Bewußtsein des „ich spiele“ begleitet bis zum Tod alle Handlungen Dantons, und auch seine politische Laufbahn wird auf diesen Spieltrieb oder seine Kehrseite, den Desillusionstrieb, zurückgeführt.[95] Auf Camilles Frage, warum er den politischen Kampf überhaupt begonnen habe, antwortet er: „Die Leute waren mit zuwider. Ich konnte dergleichen gespreizte Katonen nie ansehn, ohne ihnen einen Tritt zu geben.“ (72/8) Danton lebt als zitative Existenz, noch zur Hinrichtung geleiten ihn die schon gesprochenen Worte. Die Vorbilder determinieren ihn; aber im parodistischen Umgang mit ihnen will er sich die Freiheit des Geistes wahren.[96] Man sollte sich vor Augen halten, daß Danton kein in Ehren ergrauter Politiker ist, sondern ein kraftstrotzender Mann von 34 Jahren, den die Wogen der Revolution nach oben gespült haben. Wenn der an der Krankheit des Jahrhunderts leidet und das Sterben für leichter hält als das Leben (vgl. 96/36), dann kokettiert er mit dem Leben wie mit dem Tode, macht *des vers* (127/79), und weiß, daß er kokettiert. „Und glaubt kein Wort von dem was er gesagt hat“ (92/31), rät Lacroix zu Recht, weil Danton als ironische Existenz nicht zu greifen, nicht festzulegen ist. Das sind alles nicht authentische Worte, hinter denen der 22jährige Büchner steckt, der wohl weiß, was im Europa der Dreißiger *à la mode* ist. Dantons und Robespierres Skepsis ist dieselbe, wenn auch ihre Folgerungen sich diametral entgegenstehen: „Und ist nicht unser Wachen ein hellerer Traum (...)?“ (88/26) Das war ja die Frage, mit der Descartes seine *Meditationes* begann[97] und mit der er den methodischen Zweifel begründete. Diesen auszuräumen war Descartes nur über den Gottesbeweis möglich, Robespierre entgeht ihm im Glauben an das Absolute. Ohne diesen wäre er in Dantons Relativismus verfallen, mit dem dieser seine Laxheit, sein *laissez-faire*, seine Gegenwartsverlorenheit[98], ja auch seinen *ennui* begründet. Mit dem Agnostizismus stellt sich eine Relativierung der Existenzzwecke ein, die über das Wissen des Nichtwissens hinausgeht.

Ethos. Ironie und Politik haben, wenn es um Leib und Leben geht, keinen gemeinsamen Nenner. Opfer der Ironie ist ja nicht Danton allein – das wäre nur konsequent und akzeptabel –, sondern sind vor allem auch seine Freunde. Als die ihn drängen, auch um ihretwillen zu handeln, hat er für sie nur ein Wortspiel übrig (vgl. 90/29). Erst im Kerker erfährt Lacroix, daß Danton gewarnt war. Das ist Dantons Art, auf Geschichte mit Paradoxen zu reagieren.

Wie steht es mit Dantons Gewissen? Hält er die immoralistische Nonchalance, mit der er Robespierre begegnet, durch? Robespierre wird entwaffnet mit dem Hinweis, daß das Gewissen ein Spiegel sei, „vor dem ein Affe sich quält" (86, 24), ein Requisit also, vor dem sich ein Mensch von aufrechtem Gang nicht mehr zu produzieren hat. Diesen Weltrelativismus durchzuhalten kostet Danton Kraft. Das Gewissen, das ihn als Gedächtnis überfällt, entmachtet auch ihn, wie ihn der Gang der Geschichte entmachtet hat:

> Unter mir keuchte die Erdkugel in ihrem Schwung, ich hatte sie wie ein wildes Roß gepackt, mit riesigen Gliedern wühlt' ich in ihrer Mähne und preßt' ich ihre Rippen, das Haupt abwärts gebückt, die Haare flatternd über dem Abgrund. So ward ich geschleift. Da schrie ich in der Angst, und ich erwachte. (99/39)

Ein solcher Alptraum signalisiert in aller gebotenen Ambivalenz den Umfang der Depotenzierung, die den Reiter mit den „riesigen Gliedern" zum willenlosen Reiterchen geraten läßt, das auf dem rasenden Rad des Zufalls dahingeschleift wird. Das Wort vom „September" hat sich verselbständigt wie die Erdkugel in ihrem Schwung. Nächtens, wenn die *via regia* zum Unterbewußten geöffnet ist, tauchen die „garstigen Sünden" an die Oberfläche des Bewußtseins: „Nein, ich sprach nicht, das dacht ich kaum, das waren nur ganz leise heimliche Gedanken." (98/38) Dies apokalyptische Bild spiegelt die Manifestation von Schuld so ins Kosmische, daß es Danton verfolgt wie Woyzeck das zwanghafte Wortmotiv vom „Es". Von der Vergangenheit immer wieder eingeholt, hat er keine Zukunft mehr. Julie allein kennt diese Nachtseite Dantons; später werden sie die Freunde noch kennenlernen, in einer Situation, in der die Seele keine Faxen mehr macht. Julie muß ihren therapeutischen Scharfsinn aufbieten, den Alp rationalisieren, erklären, historisieren, kurz: aus Es Ich werden lassen (man vergleiche Iphigeniens Umgang mit Orestes). Was Julie psychologisch-historisch (mit Hinweis auf die antirepublikanische Allianz) „erledigt", verarbeitet Danton religionshistorisch-mythologisch: „Der Mann am Kreuze hat sich's bequem gemacht: es muß ja Ärgernis kommen, doch wehe dem, durch welchen Ärgernis kommt." (99/39) Das düstere Wort aus Mt 18,7 bezieht Danton wohl so auf sich, daß er sich im Gegensatz zu Christus und seiner heilsgeschichtlich wirksamen Passivität zu dem erklärt, der das Ärgernis auf sich nimmt, weil er sich seiner Fehler bewußt ist. Sieht man das Wort im Kontext von Mt 26,24, was immer wieder geschehen ist („wehe aber jenem Menschen, durch den der Menschensohn überliefert wird"), dann akzeptiert Danton trotzig die Rolle des Judas und seine heilsgeschichtlich notwendige Funktion. Ohne ihn, so die Logik des Wortes, wäre keine Erlösung, ohne Danton keine Republik.

In der Ehefrauen-Perspektive wird deutlich, daß es Helden, und seien es auch immoralistische Helden, gar nicht so leicht haben. Der eben so glänzend den Dogmatismus und die Tugendseligkeit Robespierres verwirrte, spricht bei Nacht von Sünden und Notwehr, glaubt an dasselbe Sprachspiel, das der Moralist ihm angeboten hatte. Auch das aufgeklärte Ich muß sich noch auf den „Mann am Kreuze" beziehen, wenn auch in blasphemischer Absicht. Die Spaltung von Dantons Ich entspricht der Robespierres. Falsch wäre es nun, wenn der Interpret Schuldbewußtsein und ironischen Eudämonismus, Dogmatismus und Relativismus gegeneinander ausspielen würde. Es gibt keinen „Sieger" in diesem Antagonismus: Robespierre muß erfahren, wie sein Dogmatismus durch Danton, und Danton, wie sein Relativismus durch die Erinnerung erschüttert wird. Für beide bleibt die Erfahrung punktuell.

Tod. Seine Genußreligion, auch das, was man seinen Dandyismus genannt hat, mag am Tod seine Grenzen finden, seinen religiös-moralischen Skeptizismus hält Danton bis zum Tode durch. Er kriecht nicht zu Kreuze, und ist doch nicht der Ausbund von Nihilist, als den man ihn sehen wollte. In der Conciergerie fällt so manches von ihm ab; was er vorher theoretisch hinwegdisputiert hat, rückt ihm hier auf den Leib; womit er vorher nur „kokettiert" (98/37) hat, stinkt jetzt „aus dem Hals" und wird „immer zudringlicher" (118/60). Die Zeit gewinnt jetzt ungeahnte Qualität: Das „Pikken" der „Totenuhr" (das Bild gemahnt wieder an Poe) skandiert in präzisen Abläufen die Lebensfrist: „Will denn die Uhr nicht ruhen? Mit jedem Picken schiebt sie die Wände enger um mich, bis sie so eng sind wie ein Sarg." (124/67) Und im Zeitalter der Automate gewinnt der Tod ein zusätzliches Schreckliches durch seine Automatisierung, die Guillotin im Geiste der Humanisierung des Todes empfahl; Bilder fallen Danton da ein wie dem Kafka der „Strafkolonie": „Wär' es ein Kampf, daß die Arme und Zähne einander packten! aber es ist mir, als wäre ich in ein Mühlwerk gefallen und die Glieder würden mir langsam systematisch von der kalten physischen Gewalt abgedreht." (118/60 f.)

Sind die ersten beiden Akte dem Verdrängen des Todesgedankens, auch dem Fluchtversuch gewidmet, dienen die letzten der Todesreifung. Danton reift im Angesicht des Todes, indem er sich reflektierend seiner selbst versichert.[99] Im Mittelpunkt steht jetzt die Erkenntnis Dantons: „Ich kann nicht sterben, nein, ich kann nicht sterben" (119/62) – eine Erkenntnis, die so weit weg ist von seinem dermaleinstigen (wenige Tage früheren) Selbstbetrug: „Ich werde mit Mut zu sterben wissen; das ist leichter, als zu leben." (96/36)

Alle Versuche Dantons, in der Geschichte den Sinn seines Lebens und seines Sterbens aufzufinden, sind an den spontanen, den trotzigen, den aufbegehrenden, den irrationalen Augenblick gebunden; sie geschehen gegen sein besseres Wissen von der Revolution, die wie Saturn ist und ihre eigenen Kinder frißt (vgl. 84/22). Tröstungen wie diese: „Die Tyrannen werden über unseren Gräbern den Hals brechen" (131/75) oder Dantons Hybris, „Alles in einer schrecklichen Verwirrung" (127/71) zu lassen, gehören ins Schillersche Geschichtsdrama und sind Versprecher der Puppen, die sich „von unbekannten Gewalten am Draht gezogen" fühlen (100/40). Tatsächlich erlaubt sich Danton manchen *faux pas*, wenn er z. B. mit mythologischen Bildern die Revolutions- zur Heilsgeschichte umfunktionieren will, wenn er der Revolution eine kathartische Aufgabe und sich selbst einen geschichtlichen Erfolg verspricht: „Die Sündflut der Revolution mag unsere Leichen absetzen wo sie will, mit unseren fossilen Knochen wird man noch immer allen Königen den Schädel einschlagen können." Daß sich ein solcher Glaube noch in der letzten Stunde verfestigen kann, da ist die Lästerzunge Hérault vor, die den Zufall zum Prinzip historischer Erfolge erklärt. „Ja, wenn sich gerade ein Simson für unsere Kinnbacken findet." Simson erschlug aber mit dem Kinnbacken eines Esels die Feinde jenes Volkes, das zum ersten Mal die Idee einer endzeitlichen Erfüllung in die Geschichte gebracht hat. Von Eseln hatte aber gerade zuvor schon Lacroix gesprochen, die schreien werden „Es lebe die Republik", wenn der Hinrichtungswagen vorbeiziehe, und das tat er in Abwandlung eines Wortes des historischen Danton, das eben nicht von Eseln, sondern nur von *„foutues bêtes"* bzw. von „Erzdummköpfen" sprach.[100] Zusätzliche Ironie ergibt sich dadurch, daß alle Beteiligten beim Namen Simson Henri Sanson, den Henker von Paris assoziieren: Das Polyptoton verwandelt den Geist der Geschichte in sein Gegenteil, den Freiheitshelden in das Werkzeug des Terrors. Fazit also dieses typisch Büchnerschen Centos: Wer an die Hoffnung glaubt, ist ein „Esel". Antwortet Danton „Sie sind Kainsbrüder" (128/71), so werden als Subjekt weder Simson noch Sanson gemeint sein[101], sondern die, die aus Simson einen Sanson gemacht haben, die amtierenden Revolutionsführer also.[102] Auch diese Anspielung ist in Dantons Sinne nicht konsequent, geht sie doch von einem traditionellen Gut-Böse-Kontrast (Kain und Abel) aus, auf dem schon Augustinus sein dualistisches Geschichtsbild gründete.

Philosophie. Der Versuch einer geschichtlichen Rechtfertigung des Lebens und Todes wird so an ein Ende geführt; es ist ein Versuch, den das jüdisch-christliche, über Augustinus mit Platon vermittelte Geschichtsbild geprägt hat. Was hier Danton unmöglich gemacht wird, ist eine Rechtfertigung des Todes durch eine Rechtfertigung der Geschichte. Der geschichtliche Danton war da viel vorsichtiger und wandte sich gegen die öffentliche Propagation von Atheismus. Wenn das historische Tun keinen Sinn hat, hat das Sterben um der Geschichte willen auch keinen. Der zweite, der philosophische Versuch, den Tod zu rechtfertigen, geht aus von Dantons Hausphilosoph Epikur: Schreiende Griechen und stoische schweigende Römer, so Danton, Sensualismus und Idealismus, seien gleicherweise epikureisch: „Die einen waren so gut Epikureer wie die Andern. Sie machten sich ein ganz behagliches Selbstgefühl zurecht." (129/72) Aus seiner Philosophiegeschichte wußte Büchner, daß Epikur nicht der Philosoph des schrankenlosen Genusses war, sondern im „Zustande der Schmerzlosigkeit das letzte Ziel seines Bestrebens" gefunden[103] und jenen Schopenhauer-Gedanken entwickelt habe, daß das Glück Abwesenheit von Schmerz sei. So wünscht sich Danton, seit er eingekerkert ist, den Zustand der epikurschen Götter, die „Ruhe", die er im „Nichts" zu finden hofft (118 f./61), da Epikurs Philosophie die Glückseligkeit in der Apathie, der Schmerzlosigkeit, verankert und Metaphysik als Unruhe stiftendes Element aus der Philosophie ausschließt. „Nichts" ist kein absolutes Nichts,[104] kann es vernünftigerweise gar nicht sein, sondern ein *nihil privativum*, die Abwesenheit alles dessen, was negativ ist, die Negation des Negativen also. Denn von Epikur her weiß Danton den „verfluchten Satz: etwas kann nicht zu nichts werden".[105] Und das pathetische, immer wieder überschätzte Wort vom „Nichts", das sich „ermordet" hat (119/61), dem Mephistos Klage entspricht, daß sich ein „Etwas", „diese plumpe Welt", „dem Nichts entgegenstellt" (1363 f.), dies traditionsreiche Wort weist als Paradox auf das innere Problem der Epikurschen Philosophie hin, daß alles Glück eben ein *nihil privativum* bleibt.

Wäre der Epikureer Danton allein in der Conciergerie, gäbe es den metaphysischen Aufwand nicht, der da getrieben wird. Aber das metaphysische Bedürfnis Philippeaus schweigt nicht still, es schließt sich an Leibniz an und schaut wie dieser aus kosmischer Perspektive auf die „Hudeleien" (96/36) der irdischen Geschichtlichkeit hinab: „Es gibt ein Ohr für welches, das Ineinanderschreien und der Zeter, die uns betäuben, ein Strom von Harmonien sind." (129/73) Dies Argument – von Büchner nachträglich ins Manuskript eingetragen[106] – setzt Leibnizens Beweis vom Dasein Gottes voraus, gemäß dem die höchste Vernunft aus der Fülle der Möglichkeiten der Welten die beste aller denkbaren ausgewählt hat, weshalb Gott also nicht anders denn als Vernunft zu denken ist, die den Kosmos mathematisch strukturiert hat, so daß auch das Leiden in mathematischen Proportionen abzuwägen ist: Vom *point de vue* Gottes geht es im Vergleich mit der erhabenen Tektonik des Weltalls gegen Null. Vom Standpunkt Dantons gibt es darauf nur ein „Aber", das zugleich der Einwand Schopenhauers gegen Leibniz ist: „Aber wir sind die armen Musikanten und unsere Körper die Instrumente." Das konkret erfahrene Leiden des Individuums übertönt für dieses selbst die Harmonien der Sphären. Die „Fuge"[107], die die Dantonisten jetzt anstimmen, scheint dazu komponiert zu sein, die angebliche Harmonie aus Wut über Leibnizens Sophismus möglichst dissonant zu überschreien. Folgerichtig klingt der fugale Dialog im Absurden aus, d. h. wörtlich im „Mißtönenden": „Die Welt ist das Chaos. Das Nichts ist der zu gebärende Weltgott." (129/73) Das Gerundivum allein (aus dem Nichts soll Etwas werden) schon zeigt, daß Danton den Dialog kunstreich in den metaphysischen Unsinn überführt hat, eine Absurdität, die der Absurdität Leibnizens entspricht, daß die Welt die beste aller möglichen sei.

Was bleibt also, wenn die geschichtliche und die philosophische Rechtfertigung des Sterbens versagen? Nur unter der Voraussetzung, im Tode nicht so einsam zu sein, wie man es im Leben gewesen ist, läßt sich Danton kampflos auf den Tod ein. Als er weiß (durch die Locke, das Zeichen der Empfindsamkeit), daß Julie ihm vorausgehen wird, gibt es keinen ernsthaften Widerstand mehr. Jetzt gewinnt Danton an Größe, die mit dem aristotelischen Heldenideal nicht zu messen ist. Mit Danton stirbt der Mensch der Moderne, dessen Maß der Mensch allein ist. Camille erfährt seinen Beistand im Kerker, Fabre wird von ihm getröstet, er hält die Gefährten auf dem Schafott zusammen, er besteigt als letzter das Blutgerüst, er weiß für die Vertrauten ein letztes Wort, und er schmettert dem Henker, der seine Umarmung mit Hérault verhindern will, jene oft bewunderten letzten Worte entgegen: „Willst du grausamer sein als der Tod? Kannst du verhindern, daß unsere Köpfe sich auf dem Boden des Korbes küssen?" (131/75)

4.2 Robespierre

Um den Gegensatz zwischen Robespierre und Danton zu beschreiben, hat man sich einige historisch begründete wie unhistorische Antagonismen einfallen lassen: Verwiesen wurde auf Heines Antithese von Hellenen und Nazarener[108], auf den von Rousseau und Voltaire, der sich ebenfalls bei Heine findet, von Epikureismus und Stoizismus, Pharisäer und Zöllner, Karl und Franz Moor und andere klassische Konfigurationen. Doch ist Robespierre keineswegs der klassische Bösewicht, auch nicht als schlichter Gegensatz zu Danton zu begreifen; schon gar nicht ist er einer aus der Reihe der Weltmetzger, die auf Hitler oder Stalin vorauswiesen. Für solche Dimensionen oder für einen wirksamen Antagonismus zu Danton ist seine Rolle einfach zu schmalbrüstig angelegt (ein Einwand, den auch Lukács nicht entkräften konnte). Auch gibt ja Robespierre lediglich sein Placet für eine Aktion, die von St. Just und seinen Helfershelfern getragen wird. Seiner Figur fehlt das Format. Schließlich darf er nur sehr wenig Büchnerschen Text sprechen. Seine Reden stammen zum größten Teil aus den Quellen; und erst da, wo sein Inneres entblößt wird, überläßt ihm Büchner etwas von seiner eigenen prägnanten Metaphorik und Epigrammatik. Im ganzen liegt Büchners Welt in der Grauzone, nicht im trivialen Schwarz-Weiß.

Politik. Weder pragmatisch noch theoretisch haben Danton und Robespierre etwas zu sagen, was eines Antagonismus' in einem historischen Drama würdig wäre, außer daß der eine für die Fortsetzung der Revolution, der andere für das Ende der Hinrichtungen plädiert. Worin die soziale Revolution, die er anstrebt, bestehen soll, definiert Robespierre nicht, auch nicht, wie sie sich mit seiner Verteidigung des Privateigentums vereinbaren soll. Worüber die beiden sich sonst streiten, was ihren repräsentativen Gegensatz ausmacht, sind Fragen des *savoir vivre*, des Lebensstils, der Moral, des Gewissens, dramatisch formuliert: der Weltanschauung, und nicht der Politik; nicht einmal der Gegensatz von arm und reich kommt in ihrer Diskussion vor.[109] Robespierre ist ein ins historische Drama verirrter Bürger, der gerade durch seine Normalität erschreckt. Oder ein aus dem bürgerlichen Drama entsprungener Politiker. Die Konstellation Robespierre – St. Just erinnert an die von Lessings *Emilia Galotti:* Hier der schwache, farb- und hilflose, labile Prinz, dort der *fabricator doli*, der Macher und Drahtzieher Marinelli.[110]

Robespierre ist nicht mehr der Herr der Revolution, sondern die Revolution beherrscht ihn wie Danton. Die Maschinerie der Proskriptionen hat sich von ihm abgelöst und verselbständigt. Peinlich zu sehen, wie der scheinbar gefestigte, ja dogmatische Mann sich von St. Justs Kalkül und psychologischem Fingerspitzengefühl so weit bringen läßt, daß er das Todesurteil über den ehemaligen Freund Camille nicht aus politischen, sondern aus persönlichen Gründen fällt. Die spätere Innenperspektive, die der Monolog erlaubt, legt den psychischen Defekt bloß, der sein Handeln und Nichthandeln auf ein krankhaftes Motiv reduziert, und dies Motiv heißt Wille zur Macht. Wille zur Macht war es, der ihn die Hébertisten hat beseitigen lassen. Der Wille zur Macht heißt ihn politisch lavieren: Seine große Rede vor dem Jakobinerclub, die das Ende der Dantonisten verspricht, wird deutlich als Ergebnis eines Kalküls markiert; denn die Ruhe des Volkes ist gefährdet, es gärt, wie die zweite Szene und wie gleich darauf die Klage der Lyoner Revolutionäre zeigen. Danton stirbt, nicht weil die erhabene Philosophie der Revolution der Hydra des Lasters den Garaus machen muß, sondern weil Robespierre ein Opfer braucht, das er dem Volk vorwerfen kann, um die Ruhe wiederherzustellen.[111] Wäre sich Robespierre seiner politischen Philosophie sicher, bedürfte er dieser Winkelzüge nicht, bedürfte er auch der Demagogie nicht, als deren Meister er sich erweist. So handelt der politische Robespierre in allen Situationen reaktiv, obwohl er aktiv erscheint: Die Dantonisten sterben, weil es die Situation so will; Camille stirbt, weil er ihn beleidigt hat; seine Einschätzung der Revolution gibt er erst preis, als ihm Danton die Pistole auf die Brust setzt; noch vor dem Nationalkonvent hat nicht er, sondern hat St. Just das letzte Wort.

Dogmatismus. Worin besteht dieses „Dogma der Revolution" (91/30)? Robespierre handelt nicht unwissend, sondern hat die *terreur* zum Programm erhoben; er ist ein Überzeugungstäter, der das Gewissen zum Regulativ des politischen Handelns erklärt und deshalb so respektabel wie gefährlich, weil unberechenbar ist. Er macht mit einer Philosophie Politik; und diese Philosophie ist ihm auf einen einzigen Antagonismus geschrumpft, den von „Tugend" und „Laster". Daran orientiert sich sein klar strukturiertes Weltbild[112]: Lasterhaft ist der *homme artificiel* Rousseaus, der vergesellschaftete, dekadente, vom Ganzen entfremdete, seine partikulären Interessen verfolgende *bourgeois*, der *bourgeois* schlechthin folglich Danton: „Danton, das Laster ist zu gewissen Zeiten Hochverrat." (86/25) *L'homme naturel*, unverdorben, vor dem Sündenfall in den *amour propre*, die Selbstliebe, „gesund", das allein ist das „Volk": „[...] die gesunde Volkskraft muß sich an die Stelle dieser nach allen Richtungen abgekitzelten Klasse setzen." Als oberster Souverän seiner selbst erscheint es wie der alttestamentliche Gott unter Donner und Blitz: „Volk du bist groß. Du offenbarst sich unter Blitzstrahlen und Donnerschlägen." (75/12) Die Mystifikation der *volonté générale* bei Rousseau setzt sich bei seinem Jünger fort, das Aufgehen des einzelnen im allgemeinen tendiert zum Totalitarismus. *Summum ius* schlägt um in *summa iniuria*. Das kollektive Ich, das Volk, ist gezwungen, frei zu sein, es darf – auch bei Rousseau[113] – vom „göttlichen" Gesetzgeber zur Freiheit gezwungen werden. Und da Rousseaus demokratisches Ideal das vollkommen erzogene Volk voraussetzt, kann auch Robespierre nicht umhin, über das Volk zu „wachen“: „Deine Gesetzgeber wachen, sie werden deine Hände führen [...].“ (75/12) Die übliche Zweck-Mittel-Relation des Dogmatikers (das humane Ziel, die inhumanen Methoden) rechtfertigt die Opfer, die der Freiheit zu bringen sind: „Die Revolutionsregierung ist der Despotismus der Freiheit gegen die Tyrannei.“ Die „Tugend“ hat sich dem politischen Ziel untergeordnet. Die Sanktionierung der *terreur* geschieht aus dem Geist der aufgeklärten Moral: „Die Waffe der Republik ist der Schrecken, die Kraft der Republik ist die Tugend.“ (78/15) „Der Traum der Vernunft bringt Ungeheuer hervor.“[114]

Ethos. Um die verkrampfte Moralität Robespierres zu begründen, hat man Analogien bei den verschiedensten Denkern des 18. und 19. Jahrhunderts gesucht. Ob nun Kant[115] oder Rousseau[116], ob Fichte[117] oder Hegel[118], Robespierres Idealismus steht fest, damit auch der traditionelle Konflikt zwischen „Pflicht“ und „Neigung“, der wie bei Rousseau auch bei Kant seine Rolle spielt. Dem Kampf zwischen „Tugend“ und „Liebe“ hat Rousseau einen ganzen Briefroman gewidmet, die *Nouvelle Héloise*, und seine antidantonsche, antiempirische Behauptung heißt, daß der Mensch von Natur ein angeborenes Gewissen besitze, das Rousseau ins Gefühl verlagert, das Kant der Vernunft zuschlägt. Dieser Begründung ungeachtet, hat Rousseaus moralischer Dualismus den Kants beeinflußt; da gibt es bei ihm die *bonté naturelle*, die allein dem Naturmenschen eignet, und die *vertu*, die Tugend des vergesellschafteten Menschen; die erste bedarf eines Imperativs nicht, die zweite muß sich gegen die Verführungen der zivilisierten Gesellschaft durchsetzen, bedarf also der Selbstüberwindung, bedarf der Pflicht.

Es trägt also wenig aus, Robespierres Bannerwort von der „Tugend“ zu wenden und zu drehen, bis es auf den einen oder anderen Philosophen paßt – es wird einfach zu wenig Definitorisches dazu gesagt –, Bedeutung hat allein die Tendenz dieser Ethik, die sich rigoristisch, formalistisch und voluntaristisch gebärdet. Dem Grundsatz Robespierres, daß die „Sünde“ „im Gedanken“ ist (88/26), entspricht der Grund-Satz Kants, daß die Maxime des Wollens, nicht deren praktische Umsetzung über die moralische Qualität des Wollens entscheidet. Die Behauptung, daß Pflicht „Nötigung aus Achtung fürs Gesetz“ sei, enthält die Verschärfung der Rousseauschen Ethik durch Kant: „Gefühl“ ist nichts mehr, „Vernunft“ alles. Daraus wird Robespierres: „Das Laster *muß* bestraft werden, die Tugend *muß* durch den Schrecken herrschen“ (86/24, meine Hervorhebung).[119] Kant wird bei seinen Folgen genommen: der Pflichtbegriff isoliert, die Moral vom Ziel der Glückseligkeit gelöst, ein himmlischer Garant der Moralität postuliert und die Unterwerfung unters Gesetz gefordert, die in Kants Ethik ein Akt der Freiheit war. Das alles macht aus Robespierre den „Polizeisoldat[en] des Himmels“ (86/25).

Religion. Dies Sendungsbewußtsein versteigt sich ins Hybride:

> Ja wohl, Blutmessias, der opfert und nicht geopfert wird. – Er hat sie mit seinem Blut erlöst und ich erlöse sie mit ihrem eignen. Er hat sie sündigen gemacht und ich nehme die Sünde auf mich. Er hatte die Wollust des Schmerzes und ich habe die Qual des Henkers. (90/28)

Einfach gesagt: Der Tod Christi war ein reines Vergnügen gegen die Verfolgung der Dantonisten durch Robespierre. Nur das Wort vom Messias gehört den Quellen an; die Blasphemie, die in der typologischen Überbietung des Messias verborgen liegt, ist Büchners Werk. Dazu gehört auch die unsinnige theologische Verfälschung („er hat sie sündigen gemacht“) und die psychologische Entlarvung („er hatte die Wollust des Schmerzes[120]“), die der Lästerzunge eines Danton würdig wäre, nicht aber der des „Unbestechlichen“. Solange das Volk ihn Messias genannt hatte (vgl. 75/12), hatte Robespierre gegen diesen Titel keine Einwände; nachdem ihn aber Camille im „Vieux Cordelier“ so beschimpft haben soll, preßt er diese Antithese heraus, die ihm die Würde eines Messias der neuen Zeit im Jahre Zwei der Revolution verleihen soll. Tatsächlich aber zwingt er das Volk durch die Revolution zur Selbsterlösung – ein absurder Gedanke der Gnosis. Robespierres Heilsgeschichte führt zurück in den Anfang. Héberts Spott, „sie möchten uns zu Antediluvianern machen“ (70/6), bewahrheitet sich ohne Robespierres Willen. Seine Ichverlorenheit nach dem Todesurteil kommentiert er selbst mit den Worten der Genesis: „es ist Alles wüst und leer“ (90/28). Er hat die Schöpfung zurückentwickelt, weiter als Rousseau es wollte, nicht nur vor den Sündenfall, sondern auf den Stand des ersten Tages, des Tohuwabohu,[121] über dem der Geist Gottes mit sich allein war.

Eros. Indem er das Pathologische analysiert, unterläuft Büchner das Schema des historischen Dramas durch ein Eifersuchtsdrama um die Gunst des Weibes „Freiheit". Die politische Diskussion ersetzt ein Hahnenkampf, in dem der Epikureer und Potenzprotz Danton vorläufig den Sieg über den Mann in Männchengestalt, den „impotenten Mahomet" (117/59), davonträgt. Auf engstem Raum legt der Mediziner Büchner (wie ehedem der Feldscher Schiller angesichts Franz' von Moor) eine Pathographie an und tut das, was Danton nicht tun zu können beklagt: Er bricht die Schädeldecke auf, um die Gedanken aus den Hirnfasern zu zerren. Seine psychologische Anatomie wirkt in ihrem Regreß auf den Eros als Motor des Handelns, auch des politischen Handelns, so modern, daß durch sie Nietzsches Psychologie der Entlarvung vorweggenommen scheint.[122] Was Danton über das Volk sagt, trifft auch auf den Calvinisten Robespierre zu: „Es haßt die Genießenden, wie ein Eunuch die Männer." (85/23) Während Danton die Schenkel der Huren guillotinieren, heißt es über den *Incorruptible*: „Du hast bei keinem Weibe geschlafen." (86/24) Das allein wäre für Büchner schon ein Urteil; angesichts von Barrères Spottwort vom „impotenten Mahomet" läßt sich viel über die Bedeutung des Propheten in diesem Zusammenhang disputieren, wenig über das Attribut. „Empörend" rechtschaffen heißt dieser Asket aber, weil er mit dem Asketismus, mit seinem kategorischen Imperativ, mit der „Tugend" die Natur vergewaltigt. Dieser Moral liegt eben doch ein geheimer, psychischer Zweck zum Grunde, der, an die Macht zu wollen; ein Zweck, dem die Zukurzgekommenen, das „Volk", als Mittel dienen. Wie der Heiland mit seiner Herde, so geht Robespierre mit der Stütze seiner Macht um: „Armes, tugendhaftes Volk! [...] Volk du bist groß" (75/12); „Beruhige dich tugendhaftes Volk [...]" (79/17).

Deshalb die Rede vom Kothurn, den Danton ihm heruntertreten will; denn Robespierre ist der Schauspieler des asketischen Ideals. Deshalb auch der nietzschesche Versprecher mitten im volksfreundlichen politischen Programm: „Die soziale Revolution ist noch nicht fertig, wer eine Revolution zur Hälfte vollendet, gräbt *sich selbst sein* Grab." (85/24, meine Hervorhebung): Hinter der Tugendmaskerade nämlich verbirgt es sich, das liebe Ich, um dessentwillen – so Dantons anthropologischer Skeptizismus – Revolutionen gemacht werden: Jeder „tut, was ihm wohl tut." (86/25) Deshalb die Selbstzweifel Robespierres, die freilich erst im einsamen Monolog zur Sprache kommen dürfen: „Ich weiß nicht, was in mir das Andere belügt." (87/26) Deshalb auch ist es der Souffleur Simon, der gleich nach Robespierres volksverbundenem Theaterdonner aus der „Tugend" eine Burleske macht.

Daß Danton Robespierre die Maske abreißen darf, macht ihn noch nicht zum Sprachrohr Büchners. Als Psychologe ist er einfach besser. Natürlich steht er als Skeptiker, Ironiker, Desillusionist dem Menschen der Moderne näher als der pathologische Idealist. Auch sein Hedonismus mag manch einen verführen, Partei für Danton zu ergreifen: Sein Antimoralismus entlastet von den kulturellen Zwängen. Was ihm ein graduell höheres Recht einräumt, ist nicht sein Eudämonismus (dessen Gebrochenheit oben zu beobachten war), auch nicht sein politisches Gehabe, das deutlich ironisiert wird und das den Genuß durchaus auf Kosten des Volkes praktiziert – die ideologischen Interpreten haben unzulässig die gesellschaftspolitische Wahrheit mit der psychologischen Wahrheit der sie vertretenden Figuren verknüpft[123] –, sondern seine Selbstdistanz und Selbstkritik, die wirkungsvoll zu Robespierres Gerechtigkeitsfanatismus kontrastiert, mag er auch nach dem geläufigen Paradox Skepsis und Distanz zum neuen Dogma erklären. Der Skeptizismus hat dem Dogmatismus das eine voraus, daß er nach den Gründen des Dogmatismus fragen kann. Denn der Dogmatismus, leitet er sich nicht aus Offenbarungen ab, muß sich aus sich selbst begründen, wie es denn bei Robespierre auch der Fall ist – und zwar in einer durchaus an Hegel erinnernden Tat des Geistes: „In einer Stunde verrichtet der Geist mehr Taten des Gedankens, als der träge Organismus unsres Leibes in Jahren nachzutun vermag." (88/26)[124] Dantons Frage: „Hast du das Recht aus der Guillotine einen Waschzuber für die unreine Wäsche anderer Leute [...] zu machen [...]?" (86/24) ist damit beantwortet, mit der hybriden Tathandlung des absoluten Ich. Daß die soziale Revolution noch nicht fertig ist, hat Robespierre nicht nötig zu begründen; von dieser Voraussetzung geht alles aus, aus ihr folgt alles mit tödlicher Konsequenz. Wie vernünftig diese Wirklichkeit ist, belegt die rigoristische Arroganz der Behauptung, daß die Guillotine noch keinen Unschuldigen getroffen habe. Die verschlägt selbst Danton die Sprache, und er tritt ab mit einem Kopfschütteln der Resignation: „Hörst du Fabricius? Es starb kein Unschuldiger!" (87/25)

Einmal alleingelassen, zeigt Robespierre sein Gesicht – ein Erfolg der Demaskierung durch Danton –, das Gesicht der in ihrer Existenz getroffenen Kreatur, deren ins Kosmische projizierte Ängste ihre Verlorenheit preisgeben:

> Die Nacht schnarcht über der Erde und wälzt sich im wüsten Traum. Gedanken, Wünsche kaum geahnt, wirr und gestaltlos, die scheu sich vor des Tages Licht verkrochen, empfangen jetzt Form und Gestalt und stehlen sich in das stille Haus des Traums. (87 f./26)

Ein kleines Ich – so klein wie das Dantons in vergleichbarer Situation – wird von den Unbilden des Es nächtlicherweise überwältigt, auch das eine Wirkung des Rededuells mit Danton, und zwingt den Ich-Hybriden in eine ungewollte ahnungsvolle Anamnese seines eigenen Zustandes, die die bedingungslose Allgewalt der geheimen Machtwünsche und -gedanken zumindest ahnt. Soweit imponiert Robespierre durchaus als Analytiker seiner selbst und läßt sich Danton vergleichen. Dann aber folgt ein Gedankenstrich, und der ist sehr lang, nach ihm nämlich nehmen die Gedanken den Weg in die entgegengesetzte Richtung. Der Ausgangspunkt ist eine literarisch-philosophische Platitüde, daß nämlich „unser Wachen ein hellerer Traum" sei – die findet sich bei Sophokles so gut wie bei Schopenhauer und hat bei Descartes zur Grundlage eines Gedankengefüges beigetragen. Danton, dem solche Anwandlungen ja durchaus nicht fremd sind, zieht den Schluß, daß also ein *deus malignus* am Werke sein muß, ein böser Gott, dessen Puppen die Menschen sind, die nicht wissen, was Traum, was Wirklichkeit genannte Außenwelt. Robespierre jedoch verbietet sich diesen Blick in den Abgrund. Überzeugt von der Realisierungsgewalt der Idee, ist es ihm gleich, ob die Realisierung der Idee ein „Zufall" ist: „Ob der Gedanke Tat wird, ob ihn der Körper nachspielt, das ist Zufall." (88/26) Wer aber die Tat dem Zufall zuschreibt, müßte wie Danton aufs Guillotinieren verzichten. Statt dessen tritt St. Just auf, bringt die Proskriptionslisten, kitzelt Robespierre bei seiner Eifersucht und hat alle Selbstzweifel ausgelöscht.

4.3
Das Volk[125]

Die scheinbar selbstverständliche Annahme, daß ein Revolutionsdrama das Volk auf die Bühne stellen muß, für das die Revolution stattfindet oder von dem die Revolution getragen werden soll, hat Interpreten verführt, das Volk – oder zumindest Teile davon – zum Helden des Dramas zu erklären, nachdem weder Robespierre noch Danton dazu taugten. Schon quantitativ geht eine solche Kalkulation kaum auf; denn das Volk darf in den wenigsten Szenen (I, 2; II, 10; IV, 7) präsent sein. Tritt es auf, artikuliert es seine politischen Vorstellungen mühsam und falsch, und – es ist dabei alles andere als Subjekt des Revolutionsprozesses, nämlich Objekt der Manipulation.

Das Volk kommt bei Büchner nicht vor. Ihm fehlt die solidarisch-revolutionäre Einheit.[126] Auch wenn Büchner die Volksfiguren nicht durchgängig individualisiert, so sind doch Gruppen und Typen zu unterscheiden, die ein gesellschaftliches Spektrum vom jakobinischen Agenten bis zu den hungernden *furies de la guillotine* umfaßt; unterschiedliche Interessen, Geisteshaltungen, Sprachformen sind durchaus festzustellen, so daß an den antiken Chor zu erinnern[127] zu falscher Analogiebildung führt.

Der Weg des Volkes zur Revolution führt nicht über die Analyse des gesellschaftlichen Kausalkomplexes, sondern schlägt aus der Artikulation der Bedürfnisse unmittelbar um in Lynchjustiz: Die Notsituation des Souffleurs Simon hat der erste Bürger zum Anlaß genommen, „die Leute, die das Fleisch unserer Weiber und Töchter kaufen“ (73/10), verantwortlich zu machen. Das ist keine Analyse, trotz des (parodistisch eingesetzten) „ergo“, sondern eine Anklage in prophetischer Tonlage, deren massenpsychologischer Effekt das blindwütige „totgeschlagen“ wie später das zufällige „laßt ihn laufen“ ist. Robespierre, der sich diesen sinnlosen Einzelaktionen entgegenstellt, gelingt es zwar, die Elendsfiguren zu vereinigen, jedoch nur punktuell und spontan unter dem Eindruck seiner Rhetorik und zu dem Zweck, seiner Rhetorik ein weiteres Mal zu erliegen. Gewiß hat Büchner brieflich die revolutionären Hebel „materielles Elend und *religiösen[r] Fanatismus*“ genannt (318), aber wenn er das Volk seines Dramas nach diesen Motiven handeln läßt, hat er damit kein „Modell für seine Revolutionstheorie"[128] geschaffen – oder er hätte sie denunzieren wollen.

Robespierre bekennt sich offen und programmatisch zur Entmündigung des Volkes und demonstriert durch seine Führersuggestion, wie sie ins Werk gesetzt wird. Sein Volk wird gezwungen, frei zu sein; er setzt auch die fatalen Überlegungen Rousseaus zur Durchsetzung von Demokratie in die Praxis um. Und er weiß, daß er religiöse Schemata („*compelle intrare*") damit nur säkularisiert. Die eschatologischen Heilsvorstellungen des Volkes (vom Messias, vom Jüngsten Gericht, vgl. 75/12) sind ihm willkommenes Instrument der Manipulation.

Das Volk hat die revolutionäre Theorie seiner Zeit, Rousseaus *Contrat social*, nicht verstanden. Am Beispiel zeigt Büchner, wie der erste Bürger über die Fallstricke der Lehre von der *volonté générale* und der *volonté des tous* stolpert:

> ROBESPIERRE. Im Namen des Gesetzes!
> ERSTER BÜRGER. Was ist das Gesetz?
> ROBESPIERRE. Der Wille des Volks.
> ERSTER BÜRGER. Wir sind das Volk und wir wollen, daß kein Gesetz sei; ergo ist dieser Wille das Gesetz, ergo im Namen des Gesetzes gibts kein Gesetz mehr, ergo totgeschlagen! (75/12)

Des Bürgers *ergo* unterstreicht die staatsphilosophische Hilflosigkeit (oder volksaufwieglerische Raffinesse?), die die eher metaphysische Unterscheidung von Gemeinwille und Mehrheitswille so verwechselt, daß sie in den Nonsense überführt wird.

Die „Bürger" scheinen im Dienste Robespierres stehende Provokateure[129] (das also wird aus dem Ehrentitel des *citoyen*!) zu sein, die den Irrationalismus der städtischen Masse aufzupeitschen und die Demagogie Robespierres vor Ort, also auf der Gasse, vorzubereiten und zu begleiten haben. Der Ruf zum Totschlag geht von ihnen aus, die Menge schreit es ihnen nur nach. Ihre Mittel sind vor allem der Paralogismus (vgl. den oben zitierten „Schluß"), das analytische Scheingefecht, die Anonymisierung des Gegners („sie") und die die Kritik überschwemmende und ausschaltende parallelistische Wiederholung: Die Wiederholung desselben Satzmusters hat eine Automatisierung zur Folge, die in die Lynchpraxis hineinführt.[130] In vergleichbarer Weise kritisiert Büchner indirekt die Logik des dritten Bürgers, die so verläuft:

> Sie haben uns gesagt, schlagt die Aristokraten tot, das sind Wölfe! Wir haben die Aristokraten an die Laternen gehängt. Sie haben gesagt das Veto frißt euer Brot, wir haben das Veto totgeschlagen. Sie haben gesagt [...]. Aber sie haben [...]. Wir wollen ihnen die Haut von den Schenkeln ziehen [...]. Totgeschlagen, wer kein Loch im Rock hat! (74/10 f.)

Würde der Parallelismus ohne Bruch fortgesetzt, würde sich beim Hörer ein „und so fort" einstellen, würde sich erweisen, daß eine Fortsetzung der Aktionen dieser Qualität durch die Hinrichtung der Dantonisten in ein unsinniges Dacapo blinder Gewalttaten führte. Das aber soll ja gerade nicht gesagt werden, und so verständigt sich der Autor über die Figur hinweg durch den Bruch mit dem Zuschauer.[131]

Diese Agitatoren sind wieder am Werk, wenn das Volksurteil über Danton ins Gegenteil umschlägt. Im Justizpalast, unter dem direkten Eindruck von Dantons Rede, schreien „alle Stimmen" „Es lebe Danton"; vor dem Palast, nach der Beeinflussung durch den (oder die?) Bürger, schreien „alle" „Nieder mit Danton". Die strukturelle Anlage, die chiastische Wiederholung über den Szenenschnitt hinweg sind Satz-Zeichen für den Wankelmut des Volkes. Hier nennt Büchner das Volk „Volkshaufen", und immer dann, wenn das Volk als Marionette und Stimmvieh fungiert, ist nur noch von „Stimmen" die Rede, so daß die Synekdoche der Verkümmerung des Menschlichen gleichkommt. Janckes Argument, es handle sich ja in und vor dem Justizpalast nicht um denselben Volkshaufen,[132] kann deshalb nicht überzeugen, weil die Peripetie der politischen Stimmung *innerhalb* der zehnten Szene stattfindet: Die Stimmen, die die Szene mit einem „Es lebe Danton" beginnen (als griffen sie das Evviva des Volkshaufens von drinnen auf), sind dieselben, die am Schluß der Szene ihr „Nieder" brüllen. Und dazwischen findet keine „Diskussion" statt, sondern eine Schein-Diskussion, während derer der schon bekannte zweite Bürger mittels kleinbürgerlicher Tugendvorstellungen an das Ressentiment des Volkes appelliert: „Danton hat schöne Kleider [...]. Danton war arm wie ihr. Woher hat er das alles? [...] Was hat Robespierre? der tugendhafte Robespierre. Ihr kennt ihn alle." (121/64)

Das Volk, das Büchner darstellt, hat nicht das mindeste mit Rousseaus Verklärung und Idealisierung des Volkes zu tun: Das

Volk hungert; und daraus folgt alles weitere: seine Gier, seine Unmoral, seine Obszönität, seine Pose, sein Zynismus, sein Blutdurst, seine Verführbarkeit. Auch Robespierre gelingt es nicht, das Existenzminimum für „die große Klasse" (319) zu sichern. Für dieses Volk gibt es ebenso wenig eine Dimension Zukunft wie für Protagonisten und Antagonisten. Dantons Diagnose, daß es Köpfe statt Brot, *circenses* statt *panem*, geboten bekommt, demonstriert Robespierre durch Dantons Tod. Das Guillotinenweib der Hinrichtungsszene beweist die Richtigkeit von Dantons Analyse (die sich freilich bezeichnenderweise seinen letzten Lebensstunden verdankt): „Platz! Die Kinder schreien, sie haben Hunger. Ich muß sie zusehen machen, daß sie still sind." (130/74)

Hier, vor allem auch in den Auftritten Simons oder im rauschhaften Totschlagenwollen, wandelt sich das Volk in die dionysische Rotte und schlüpfen die Guillotinenweiber, wie es auch Büchners Quellen wollen, in die Rolle des bacchantischen Schwarms, der blind zerreißt, was ihm in den Weg tritt.[133] Seine Sympathie mit dem genarrten, auch durch die Intrige gegen Danton genarrten Volk, zeigt Büchner, wenn er die Unmittelbarkeit darstellt. Es gehört zu dieser Ambivalenz, daß er dem Volk das von ihm so geliebte Schinderhannes-Lied in den Mund legt, gleichzeitig aber so, daß es zynisch die Handlung kommentiert, wenn es zum Aufknüpfen des jungen Aristokraten gesungen wird: „Die da liegen in der Erden./Von de Würm gefressen werden./Besser hangen in der Luft,/als verfaulen in der Gruft!" (74/11) Das Volkslied lenkt von der konkreten gesellschaftlichen Situation ab, reduziert auf Grundbefindlichkeiten (wie Arbeit, Liebe und Tod) und tut, was der Theateridealist Simon gern verkünden möchte, aber nicht kann; es generalisiert: „Das ist's gerade, das Einzelne muß sich dem Allgemeinen ...". (93/32) Obszönes („Ich hätt' es gerne meh,/Gerne meh, gerne meh!", 94/33) mischt sich da mit absoluter Gefühllosigkeit, wenn der Henker seinen Bordellbesuch besingt, während Lucile ihren Liebestod beschließt. Im Politbordell kann das Volk nicht „tugendhafter" sein als sein Führer.

5
Die Sprache

5.1
Die Sprache der Demagogie: Robespierre

Das rhetorische „Wir" kann mannigfache Bedeutungsnuancen anzeigen, es kann zur Floskel erstarrt sein, es kann noch ein echter *pluralis maiestatis* sein, es kann den Hörer integrieren wollen, es kann solidarisch intendiert sein, es kann das Ich des Redners verbergen oder hybrid übersteigern. Robespierre sagt mit Vorliebe „wir", weil er ein ideologisches „Wir" braucht, hinter dem er sein Ich verstecken kann. Wenn er das „Volk" auf eine bessere Zukunft und die nächsten Schritte der Revolution vorbereiten will, gelingt es ihm sogar, in der 3. Person Plural von sich zu sprechen: „Deine Gesetzgeber wachen [...]". So verabschiedet sich das Subjekt zugunsten der Funktion.[134] Im Anonymen der Institution, im glatt funktionierenden mystischen Körper, in der Einheit von Kollektiv und Ich läßt sich ein „Blutgericht" ohne persönliche Verantwortung rechtfertigen. Wen wundert's, daß der Adressat nicht weniger als Kollektiv, als ein so nicht existierendes Du apostrophiert wird: „Armes, tugendhaftes Volk!" Das „Du" soll darüber hinwegtäuschen, daß eben doch nur die Plebs angesprochen ist, die nicht individualisierbare Masse. Folglich spricht Robespierre mit ihr wie einst Menenius Agrippa auf dem heiligen Berg zur römischen Plebs[135], in einem Gleichnis, das zwar gemeinhin als Muster des römischen Republikanismus galt, daß aber den Staat zur korporativen Persönlichkeit und die ständische Gliederung des Staates zu einer naturhaften Gegebenheit erklärt: „Deine Gesetzgeber wachen, sie werden deine Hände führen, ihre Augen sind untrügbar, deine Hände sind unentrinnbar." (75/12) Zuletzt reicht auch dieses Staatsmodell bis zu Platos Ständestaat zurück: Der Nährstand rührt die Hände, die Philosophen schauen die Idee. Die Sprache und die Anspielung auf das Exemplum also verraten Robespierre.

Robespierres Rede im Jakobinerclub (74-79/14-17) setzt mit einer Serie solcher anaphorisch gereihter „Wir" ein: „Wir warten ... wir sahen den Feind ... wir haben das Lärmzeichen nicht gegeben ... wir ließen das Volk ... wir ließen den Feind ... wir ließen ihn ..." Deutlich verknüpft auch hier die Metaphorik („unsre Augen waren offen“) an das platonische Staatsbild an. Das „Wir“ hat den Charakter des Solidarischen längst verloren und bemäntelt nur noch das Ich der Führerpersönlichkeit[136], das sich dann im zweiten Abschnitt der Rede in betonter Kopfstellung kategorisch und im Ton patriarchalischer Zurechtweisung behauptet: „Ich habe es euch schon einmal gesagt ...“. Nur gelegentlich noch in dieser umfangreichen Grundsatzrede darf sich das Ich hervorstehlen („ich könnte mit dem Sallust antworten ...“), wird aber immer wieder von einem neuen Schwall solcher „Wir“ zugedeckt, bis diese sich dann in der pathetischen Schlußversicherung triumphal selbst feiern: „Wir werden der Republik ein großes Beispiel geben.“ Der Parallelismus der Reaktion („Es lebe die Republik, es lebe Robespierre!“) macht deutlich, daß Robespierres Vorstellungen von der korporativen Persönlichkeit auf fruchtbaren Boden gefallen sind. Das alles hat Büchner den Quellen hinzugefügt; er hat selbst dafür gesorgt, daß das „Volk“ einen genauso anonymen Partner findet, der nur versehentlich und verräterischerweise von seinem Ich redet, dessen Minderwertigkeitsangst Kehrseite seiner Ichübersteigerung ist. Ebenfalls war es Büchner, der nicht nur den Adressaten, sondern auch den Gegner Robespierres anonymisierte[137]: Die den Quellen entlehnten Partien kennen die „Feinde“ – die Könige, Hébert, die Fremden [die ausländischen Verbündeten der Royalisten]; Büchners Text läßt diese namentliche Nennung eher vergessen, weil er immer wieder nur vom Kollektiv „Feind“, von den „Lasterhaften“, von Bösewichtern, Verbrechern und Verrätern weiß, was so leer wie diffamierend alle umgreifen kann und wiederum das politische Problem auf ein moralisches reduziert. Gemeinsamer Nenner aller Verzeichnungen ist das anonyme „man“. „Man“ heißt sowohl der „Feind“, in diesem Falle Desmoulins, als auch Robespierre selbst, wenn er sich ironisch geriert.

Robespierres Programmstil setzt Axiome und Maximen[138], er kennt nicht – wie der des Systematikers und Theoretikers St. Just – die logischen Partikel, vor allem nicht die kausalen Verknüpfungen. Dieser Stil entwickelt nicht, begründet nichts, leitet nichts ab, sondern setzt. Er gibt sich thetisch und antithetisch. Zwischen denen wie Hammerschläge niedersausenden parataktischen Kola leisten allenfalls die Anaphern verbindende Aufgaben („wir ... wir“; „sie ... sie“; „keinen ... keinen“; „Erbarmen ... Erbarmen“): Die Reihung, die Wiederholung, ersetzt die Begründung[139], die rhetorische Frage die Deduktion („Erbarmen mit Bösewichtern?"). Robespierre kommt fast ganz ohne Hypotaxe aus; Nebensätze differenzieren den Hauptsatzgedanken, geben ihm eine spezifische logische Valenz. Die syntakische Form dieser Hauptsätze soll durch ihren definitorischen Charakter bezwingen. Die Identifikation zweier Größen durch die Satzteilfolge Subjekt – Kopula – Prädikatsnomen, oft noch parallelistisch oder chiastisch verkoppelt, dominiert den Satzbau: „Die Waffe der Republik ist der Schrecken ... Die Kraft der Republik ist die Tugend ... Der Schrecken ist ein Ausfluß der Tugend ... In einer Republik sind nur Republikaner Bürger ... Das Laster ist das Kainszeichen des Aristokratismus ...". Die Kraft der Kopula bindet Größen zusammen, die nichts miteinander zu schaffen haben: Das, was Robespierre unter Laster versteht (gemeint ist Dantons Eudämonismus), ist etwas anderes als Antirepublikanismus; die Identifikation von Antonymen münzt das Private ins Öffentliche um, ohne daß den Hörern die Zeit bliebe, der Verfälschung des Begriffsinhaltes nach-zudenken. „Weg mit ihnen! Rasch!" (89/28) – das Urteil über die Dantonisten – ist die kürzeste Fassung dieser Syntax, die gestisch sich auslebt, quasi fugenlos in Praxis übergeht, so daß die Guillotine sie zu skandieren scheint. Aber nicht einmal in dieser knappsten Diktion ist Robespierre er selbst, sondern zitiert ja das biblische „Hinweg mit diesem!" (Lk. 23, 18), den Schrei des aufgewiegelten Volkes, das zwischen Barrabas und Jesus gewählt hat. Das Volk von Paris wird dies Hinweg später selber ratifizieren. Diese transpersonale Analogie zeigt, wie sehr sie aufeinander verwiesen sind, der Führer und seine Gefolgsleute. Aber gleichzeitig mit dem jüdischen Volk zitiert Robespierre Cäsar: „Also auch du Camill?" (89/28) Und mit diesem Zitat ist er wieder ganz hinter seine Maske geschlüpft, die des romanophilen Republikaners, der das historisch-heroische Exempel als seine eigene Legitimation und als Beweis seines Asketismus, Stoizismus und Republikanismus anzieht. Deshalb war es für ihn das Ärgste, von Camille mit Tiberius verglichen zu werden. Die perfide Anmaßung, das heroische Muster zu zitieren, entlarvt sich erst durch die Unangemessenheit des ganzen Vorgangs: Caesar sprach dieses Wort, als er unter Brutus' Händen starb, Robespierre äfft es nach, als er Camille der Hinrichtung überliefert.

Tatsächlich prägt Robespierre Sätze, Maximen, Epigramme wie

Münzen. Die Kehrseite der Medaille ist die Aufspaltung von Synonymen in Antonyme, mit dem Zweck, einen (willkürlichen) Gegensatz zwischen den Robespierristen und den „Faktionen“ zu konstruieren. Als „Despotismus der Freiheit“ gilt ihm die Revolutionsregierung, als „Tyrannei“ der Royalismus. Seinen Zuhörern mutet er zu, zwischen diesen semantisch so offenen Begriffen einen Gegensatz zu finden, den er selber gerade gesetzt hat. Robespierre tut, was alle zünftigen „Despoten“ oder „Tyrannen“ taten und tun werden: Er nutzt den Begriff als Waffe, die er für seine Zwecke umgeschmiedet hat. Dem Wort wird der Wortsinn unter der Voraussetzung der Trennbarkeit von Zeichen und Bezeichnetem ausgetrieben, und zwar mit der Konsequenz, daß der Sprachnominalismus paradox zusammenfällt mit einem Sprachdogmatismus. Die gegnerische Definition darf nicht mehr gelten, die eigne gilt absolut. Eine unüberbietbare Definition dieser Art heißt: „Der Schrecken ist der Ausfluß der Tugend.“ Das ist wieder eine Gleichung nach dem Muster A = B, wieder eine Äquivokation, wieder der Mißbrauch eines Wortes mit weitem Bedeutungsfeld. *Vertu* und *terreur*: diese Extreme berühren sich. Neben dem Wortfeld des Martialisch-Kriegerischen und dem des Religiös-Christlichen bevorzugt Robespierres Lexikon Begriffe des Dramatischen. Es fügt sich günstig, daß auch in Büchners Vorlage schon vom „erhabne(n) Drama der Revolution“ die Rede war. Der „Schrecken“ wird so aus einem politischen auch zu einem barock-theatralischen Begriff, der den Messias als Schauspieler qualifiziert und sein Drama als Tragödie, der das Mitleid ausgetrieben wurde.

5.2
Die Sprache des Dogmatismus: St. Just

Der historische Gefolgsmann Robespierres war überzeugt von der geschichtlichen Macht des einzelnen[140] und hat diese Rede (103-105/43-45) nie im Konvent gehalten (nur der letzte Satz stammt von ihm und richtet sich in der Quelle gegen die Hébertisten). Daraus folgt nicht, daß die Rede Büchners Text oder gar sein Geschichtsbild enthalte: Den zentralen und durchaus geläufigen Parallelismus zwischen Natur und Geschichte, der hier mit Mitteln der Heilsprophetie zum Massaker aufrufen soll, hat er bei Görres geborgt (*Resultate meiner Sendung nach Paris*, 1800), bei dem Görres, der ebenfalls nach dem Sinn des Scheiterns der Revolution fragte – und anders als Büchner mit „Widerruf“ antwortete.[141]

Eigentlich ist St. Justs Rede „überflüssig“ und so abstrakt wie seine Person: Legendres Wunsch, daß mit dem „Schlachten“ (101/41) aufgehört werde, hat schon Robespierre zurückgewiesen. St. Just liefert die Geschichtsphilosophie nach, die die Fortsetzung der Revolution legitimieren soll – eine Philosophie, deren Scheinheiligkeit zunächst nicht ins Auge fällt, weil sie sich der wissenschaftlichen Attitüde und der logischen Deduktion[142] bedient. Im Vertrauen auf die Macht der Vernunft läßt sich ein aufgeklärtes Publikum leicht überreden, wenn sich der Redner der Form des Syllogismus bedient: „Wir schließen schnell und einfach ...“. Aufs Logische skelettiert, besagt seine Deduktion:

> *Propositio maior*: Die physische Natur setzt selbst geringe Veränderungen mit Grausamkeit durch.
> *Propositio minor*: Die Geschichte (die moralische Natur) bewirkt durch die Macht der Idee weit größere Veränderungen.
> *Conclusio*: Also soll der Gang der Geschichte durch Gewalt beschleunigt werden.[143]

So aufgeklärt der Redner sich gebärdet, so scholastisch denkt er im Grunde. Sein Syllogismus besitzt die Beweiskraft eines Analogieschlusses, er setzt die Analogie von Natur und Geschichte (wie d’Holbachs mechanistischer Materialismus) als gültig voraus und erschleicht so – wie totalitäre Denker das zu tun pflegen – den Beweisgrund. Dem Automatismus dieses Geschichtsbildes entspricht der der Guillotine. Der philosophische Parallelismus von physischer und moralischer Natur verkündigt den Gang der Geschichte als Fatalität. In diesem letzten Grund ist St. Just von seinem Antagonisten gar nicht so weit entfernt. Doch sie unterscheiden sich nicht nur in den Konsequenzen (hier Aktivismus, dort Verzicht aufs Handeln), sondern auch in den Begründungen. So philosophisch die Attitüde St. Justs, so platt doch und widersprüchlich seine Überzeugung: Ausgehend vom physisch-physikalischen Kausalitätsprinzip, dürfte seine Lehre eine Kausalität der moralischen Natur gar nicht zulassen: Kausalität aus Freiheit und physikalische Kausalität schließen einander aus. Ohne auch nur einen Versuch der Auflösung der Antinomie zu machen, verstrickt sich der Redner noch tiefer in den Dschungel der Metaphysik, wenn er den „Weltgeist“ beschwört, der sich „in der geistigen Sphäre“ „unserer Arme“ bedient, wie in der physischen Welt Katastrophen seine Instrumente sind. Das klingt dann doch arg nach Vermischung des Nichtvermischbaren, hegelscher und materialistischer Positionen, und liegt auch nicht weit ab von der Teleologie des Handwerksburschen im *Woyzeck*, die die Existenz des Menschen als Existenzbedingung des Arztes erklärt.

Nicht nur daß St. Justs Geschichtsmetaphysik in sich brüchig ist, nicht nur daß Büchner den „Todesengel der Revolution“ „schnell“ und falsch schließen läßt, er stattet ihn auch mit einer Rhetorik aus, von deren Perfidie er sich durch deutliche Signale distanziert. Die Euphemismen, vor allem der Großeuphemismus, der Natur und Geschichte identifiziert, die Häufungen, Personifikationen, Metaphern und Exempel wollen alle auf das nämliche Ziel hinaus, darüber hinwegreden, daß die „Guillotine“ die „lebendig gewordne“ Rede (110/51) St. Justs ist. Da St. Just das Ziel nicht nennt, um dessentwillen die Revolution fortgeführt und verschärft werden soll, und trotzdem teleologisch argumentiert, ist sein Töten Selbstzweck. Immer wieder wurde bemerkt, daß sein mythologisches Exempel[144] ihn selbst verrät: „Die Revolution ist wie die Töchter des Pelias; sie zerstückt die Menschheit um sie zu verjüngen.“ Pelias figuriert in der antiken Mythologie als grausamer Tyrann; zudem fallen die Peliaden auf die List Medeas herein, deren Rezept, den zerstückelten Vater durch Aufkochen zu verjüngen, natürlich nicht funktioniert. Von gleicher Qualität ist auch das Moses-Exempel:

> Moses führte sein Volk durch das rote Meer und in die Wüste bis die alte verdorbne Generation sich aufgerieben hatte, eh’ er den neuen Staat gründete. Gesetzgeber! Wir haben weder das rote Meer noch die Wüste aber wir haben den Krieg und die Guillotine.

Nun diente der Auszug aus Ägypten wirklich nicht dem Zweck, die Befreiten zu vernichten, erst die Verfehlungen der Flüchtlinge am Sinai provozieren den Zorn Jahwes; auch hat das Rote Meer[145] nicht einen Israeliten verschlungen, sondern die feindlichen Ägypter. Überdies verrät St. Just so das nie ausgesprochene Ziel des von ihm angetriebenen Gangs der Geschichte: die Vernichtung der gesamten vorrevolutionären, „verdorbenen“ Generation.[146] Nachdem so das mythologische wie das biblische Exempel immanent

St. Justs Intentionen *ad absurdum* geführt, spottet auch das historische (das der historische St. Just erfand) seines Erfinders: „Alle geheimen Feinde der Tyrannei, welche in Europa und auf dem ganzen Erdkreis den Dolch des Brutus unter ihren Gewändern tragen, fordern wir auf diesen erhabenen Augenblick mit uns zu teilen." Brutus, unfähig, aus seiner Mordtat das Kapital zu schlagen, das nötig gewesen wäre, um Rom konstruktiv neuzugestalten, kann nur als Exempel des historischen Mißerfolgs betrachtet werden. Mag sein, daß diese Selbstwiderlegung des historischen St. Just Büchner stimulierte, die beiden anderen Sophismen hinzuzuerfinden.

Alles ist scharf und kalt an St. Justs Rede. Um diesen Eindruck zu erwecken, hat Büchner das Arsenal der Rhetorik geplündert und die Rede mit deren kalter Pracht ausgestattet, die ihm aus Schülertagen allzu vertraut war.[147] Ein gewaltiger ironischer Euphemismus begräbt die Rede Legendres Antrag unter der *congeries*, der asyndetischen Häufung („eine Veränderung in den Bestandteilen der Luft, ein Auflodern des tellurischen Feuers, ein Schwanken in dem Gleichgewicht einer Wassermasse ..."), die durch zahlreiche Parallelismen unterstützt wird. Die Bilderrede überspielt die Paralogismen, macht blind für das eigentlich Gemeinte. Der Nominalstil („das Gelangen zu den einfachsten Erfindungen") unterstreicht den pseudowissenschaftlichen Gestus.[148] Die anaphorisch verknüpfte Serie der rhetorischen Fragen, die als syntaktische Kopula dienen,[149] eine nach der anderen wie Pfeile losgelassen, trifft automatisch ins Schwarze („Ich frage nun: soll ..."), weil sie selbst die Antwort schon gibt. Erinnerungen an die Verkündung des totalen Krieges liegen nahe. Immer wieder stehen Metaphern und Personifikationen im Dienst der falschen Logik: St. Just läßt die Natur handeln wie eine Person, damit der Parallelismus Natur/Geschichte leichter vorstellbar ist. Alliteration und Paronomasie täuschen darüber hinweg, daß das, was ähnlich klingt, noch lange nicht ähnlich ist und schon gar nicht dasselbe. Das „Schließen" und „Schnelligkeit" zusammengehören, wie die Alliteration glauben machen will („wir schließen schnell und einfach"), kann nur einem guillotinenscharfen Kopf über die Lippen kommen; daß der „Gang der Geschichte" „im großen und ganzen" vom „Weltgeist" gelenkt ist, setzt hegelsche oder naturphilosophische Logik voraus; und daß „jeder Vorzüge" und „keiner Vorrechte" haben darf, mag man gern bejahen, wenn erst genau definiert ist, was das heißt. Denn bei St. Just sind alle gleich, „die Unterschiede abgerechnet, welche die Natur selbst gemacht hat".

5.3 Die Sprache des Zweifels und der Verzweiflung: Danton

Aus der Rhetorik eines Menschen auf seine Moral zu schließen[150], kann zu Fehleinschätzungen führen: Auch Danton nennt, wenn es darauf ankommt, einen monumentalischen Aplomb und einen *stilus demagogicus* sein eigen, der dem Robespierres in nichts nachsteht. Bayles Axiom, daß der Stil immer der Mann selbst sei, setzt die Vorstellung von einer geschlossenen Persönlichkeit voraus. Auch deshalb ist dieser Schluß ein Enthymem, weil die Voraussetzung: Büchner distanziert sich von den Mitteln der Rhetorik, eine Voraussetzung des Interpreten ist. Weit eher scheint es so gewesen zu sein, daß Büchner gelegentlich der Faszination der agoralen Rhetorik erlag[151] (weshalb auch Korte Danton den Rededuktus Hitlers unterlegen konnte[152]), deshalb sein Drama geradezu zu ihrem Kompendium anschwellen ließ. Wenn er dem historischen Danton das Wort erteilt, läßt sich dies schwerlich in Kontrast zu dem Robespierres setzen, so daß die Zitattechnik der Tendenz entgegenkommt, den gebrochenen Charakter zu demonstrieren.

Büchner konzentriert sich in Dantons Rede vor dem Tribunal (110-112/52-54) ganz auf den rhetorischen Todeskampf und reduziert die überlieferte Szene, in der auch andere Dantonisten eine Rolle spielten, auf den Zweikampf zwischen dem Tribunalpräsidenten und Danton[153]. Der endet mit einem Triumph Dantons und nicht mit seiner Verurteilung. Was Danton vorführt, ist eine glänzende Parodie auf den zum *genus iudiciale* gehörigen Redetypus der Verteidigungsrede und deren Argumentationsverlauf. Die klassische Disposition einer solchen hätte nach dem *exordium* (dem Erregen der Aufmerksamkeit, der Aufnahmewilligkeit und des Wohlwollens der Richter) eine *propositio* (das Beweisziel) vorangestellt und u. U. mit einer *narratio* (der Darstellung des Sachverhalts und seines Ablaufs) verknüpft, wäre sodann den Beweis der Unschuld in der *argumentatio* angetreten, hätte in der *refutatio* die gegnerische Argumentation widerlegt und im Schlußteil (der *peroratio*) die Konsequenz (*conclusio*) aus alledem gezogen oder parteigünstige Affekte durch den Schlußappell zu erregen versucht.[154] Statt dessen läßt es Danton nicht einmal zu dem unsinnigen Aufnehmen der Personalien kommen, indem er dem Richter Herman mit seinem ersten selbstbewußten Satz und in einer gewagten Personifikation („die Revolution nennt meinen Namen") das Heft aus der Hand nimmt. Unaufgefordert – in der Quelle hat der Richter wenigstens noch die Frage danach stellen dürfen – gibt er gleich noch seinen zukünftigen Wohnsitz („im Nichts") mit an, und zwar so, daß sein ganzes Reden zur Metapher verwandelt wird: Wer bald im Nichts wohnt, bedarf der Verteidigung nicht. Die knappe Verlesung der Anklage (Konspiration) verwandelt die *propositio* in eine „Verleumdung", dabei eine *refutatio* versprechend („Meine Stimme [...] wird ohne Mühe die Verleumdung zurückweisen"), die aber nicht erfolgt, sondern durch einen Hinweis auf die mangelnde Zuständigkeit des Tribunals (Ermangelung von Klägern und Zeugen) ersetzt wird. Statt zu argumentieren, verlegt sich Danton auf einen Exkurs über die Sinnlosigkeit allen Argumentierens („was liegt mir an euch und eurem Urteil"); und Hermans Einwand, der ihn auf das traditionelle Redeformular zurückzwingen soll, gibt nur Anlaß für eine erneute *digressio*, die sich darin von der ersten unterscheidet, daß sie den affektischen Stil der Rede selbst zum Thema macht: „Von einem Revolutionär wie ich darf man keine kalte Verteidigung erwarten." Was danach als eigentliche *argumentatio* übrigbleibt, ein Katalog der Großtaten Dantons von gestern und vorgestern, hat mit der Anklage von heute wenig zu schaffen, verfehlt eher den Stand der Frage, da ja eine Widerlegung des Konspirationsvorwurfs zu erwarten gewesen wäre. Die *peroratio* („Jetzt kennt ihr Danton; noch wenige Stunden und er wird in den Armen des Ruhmes entschlummern.") widerruft allen Willen zur Verteidigung und ersetzt die *recapitulatio* durch eine *capitulatio.*

In dieses ironische und doch metaphern- und affektgeladene Negativformular einer Verteidigungsrede hat Büchner so eingegriffen, daß er die Negativtendenzen noch betonte. Der historische Danton rühmte sich nur des Sturms auf die Bastille und der Aktionen auf dem Marsfeld, der dramatisierte nennt auch noch die Hinrichtung des Königs und die fatalen Septembermorde: Büchner verschärft also den Widerspruch in seiner Figur, er verschärft auch die Blutrünstigkeit im Ausdruck, bleibt aber in der Tendenz der affektischen, an die Nachwelt adressierten *laudatio*: Das alles sind

„Phrasen für die Nachwelt" (128/72). Der es sich sonst zur Aufgabe gemacht hat, „gespreizten Katonen" (72/8) einen Tritt zu geben, darf sich hier eine Metaphorik erlauben, deren Pathos sich sowohl Diffamierung des Gegners („die Elenden") als auch ungebrochenes kämpferisches Selbstbewußtsein, ja Selbsthybridisierung durchgehen läßt. Die anaphorische Häufung des „Ich" („ich habe ... ich habe ... ich habe") geht Hand in Hand mit einer hyperbolischen Metaphorik, die in Katachresen ärgster Machart umkippt (Büchners Text!): „Ich habe im September die junge Brut der Revolution mit den zerstückten Leibern der Aristokraten geätzt. Meine Stimme hat aus dem Golde der Aristokraten und Reichen dem Volke Waffen geschmiedet." Die leitmotivische Metonymie „meine Stimme" verrät, worum es im letzten geht: um die Überredung mittels rhetorischer Affekte. Ob Robespierre mit seinem rigorosen „Wir" oder Danton mit seinem hybriden „Ich" verführt, Demagogen sind beide. Vom Erfolg wissen wir durch St. Just: „Die Bewegung der Gemüter soll unbeschreiblich sein." (114/56)

Aber nach dieser Rede kennt man ja den ganzen Danton eben nicht. St. Just hat ebenfalls durchschaut, daß er den Auftritt eines Politmimen beigewohnt hat: „Danton parodierte den Jupiter und schüttelte die Locken." (114/56) Wo lernt man den Danton ohne Maske kennen? Auch nicht in den „heroice Dicta", die schon Gutzkow identifizierte („er machte seine revolutionäre Stirn und sprach in Epigrammen", 88/27). Sie verhüllen mehr, als daß sie aufdecken, sie verstellen den Blick in Dantons Innerlichkeit. Das Dictum, das Epigramm sind eine reflexive Leistung, die nur aus der Distanz erbracht werden kann. Danton reagiert mit dem Epigramm auf den Dispens von der Aktion; in ihm gestaltet er seinen *ennui* und verzichtet er auf die Zukunft:[155] „Es ist besser sich in die Erde zu legen, als sich Leichdörner auf ihr laufen." (108/49) Zugleich vernichtet die pointierte Formulierung mit ihrer prägnanten Kürze, was Mercier „System" nennt (110/51), die Verfestigung von Ideologie durch Sprache: „Es gibt nur Epicuräer und zwar grobe und feine, Christus war der feinste." (86/25) Mit der zugespitzten Glosse verfolgt Danton kommentierend die Staatsaktion, sein Talent zur spielerischen Antithese („Wir haben nicht die Revolution, sondern die Revolution hat uns gemacht", 91/30) neigt dazu, geschichtliche Gegensätze ins Spielerische aufzulösen. Was Danton sagt, sind Marginalien, Randbemerkungen reaktiver Art. Nie erfahren wir etwas über Dantons eigene politische Anschauungen. Danton nimmt das Angebot an Sprachmaterial der anderen an und vervollkommnet es zum Bonmot:

> DANTON. Und Robespierre?
> LACROIX. Fingerte auf der Tribüne und sagte: die Tugend muß durch den Schrecken herrschen. Die Phrase machte mir Halsweh.
> DANTON. Sie hobelt Bretter für die Guillotine. (83/21f.)

In der Antithese vor allem artikulieren sich sowohl die Lust an der Geistreichigkeit wie der Gegensatz zur offiziellen Politik: „Und wenn es ginge – ich will lieber guillotiniert werden, als guillotinieren lassen." (91/30) Im gleichen Stil sprechen denn auch seine Freunde über ihn: „Er will sich lieber guillotinieren lassen, als eine Rede halten." (92/31)

Verliebt ins Wort wie in seine Grisetten, genießt Danton den Wortkörper und spielt mit ihm wie mit einem Selbstzweck. Das Wortspiel gerät so zur verbalen Ausprägung des Epikureismus; ihm ist selbst das Leben der Freunde hilflos ausgeliefert:

> LACROIX. Wir müssen handeln.
> DANTON. Das wird sich finden.
> LACROIX. Es wird sich finden, wenn wir verloren sind. [...]
> DANTON *zu Marion.* So viel Zeit zu verlieren! (85/23)

Fällt Danton kein Wortspiel, kein Epigramm ein, muß er dennoch mit dem Wort spielen, so freilich, daß die Spielerei um ihrer selbst willen geschieht und wie das Sprechen Leoncens im Leerlauf die Zeit töten soll[155]:

> Das ist sehr langweilig immer das Hemd zuerst und dann die Hosen drüber zu ziehen und des Abends in's Bett und Morgens wieder heraus zu kriechen und einen Fuß immer so vor den andern zu setzen, da ist gar kein Absehens wie es anders werden soll. Das ist sehr traurig und daß Millionen es schon so gemacht haben und daß Millionen es wieder so machen werden und, daß wir noch obendrein aus zwei Hälften bestehen, die beide das Nämliche tun, so daß Alles doppelt geschieht. Das ist sehr traurig. (90/29)

Die Polysyndese, das deiktische „das", das auf etwas zielt, worauf hinzuweisen sich nicht lohnt, seine anaphorische Verstärkung, die anaphorische Verkopplung der Objektsätze, überhaupt die kyklische Rahmung bilden die Großform eines Pleonasmus: Es geschieht nicht nur alles „doppelt", sondern es wird auch alles doppelt gesagt, ja dreifach und vierfach.

Im Chor der Freunde läßt sich Dantons Reden kaum von diesen unterscheiden. Sie wirken geschlossen daran mit, daß das *semper eadem* vom Leiden und von der Langeweile in Kanon- oder Fugenform heruntergeleiert oder herausgeschrien wird, so daß Danton Camille als sein „starkes Echo" (91/30) bezeichnen kann. Der pathetische Ausdruck[156], zu dem die Situation unweigerlich die Leidenden hinreißt, vernichtet das Pathos von innen, es verschiebt sich selbst vom Sublim-Erhabenen ins Lächerliche: Beginnt eine solche Bildreihe bei der Weltenharmonie, widerlegt diese mit Hinweis auf die armen Musikanten, die die Harmonie der Welt zersingen, fällt sie doch gleich ab und gelangt zu „Ferkeln", die totgepeitscht werden (vgl. 129/73), so daß der Umschlag ins eher Absurde, die „Peripetie der Stimmung"[157] nicht von außen an den Chor herangetragen werden muß.

Gespanntheit kennt die Sprache Dantons so selten, wie er sich kaum aus dem Unisono der Freunde hinausbegibt in das Gebiet des politischen Agon. Sein Stil im Dialog mit Robespierre ist ganz entschlackt vom Floskelhaften, Witzigen, metaphorisch Überladenen; hier tritt der Polemiker auf, der Wortpfeile absendet, die ins Schwarze treffen. Wenn auch scheinbar reaktiv, ist er es ja, der Robespierre zur Rede stellt und ihm gewissermaßen maieutisch sein „System" entlockt, um dann um so gnadenloser auf ihn einzufallen, daß ihm kaum der Raum zur Antwort mehr bleibt. Dabei geht er apagogisch vor: Er setzt keineswegs sein eigenes politisches Programm dagegen[158], sondern befragt und relativiert die Behauptungen und die Begriffe Robespierres: Seine Sprachskepsis hat also geschichtsphilosophische Relevanz.[159] Robespierre liefert nur die Stichworte, die sprachkritisch skelettiert oder neu definiert werden: so entsteht eine Antithetik der Begriffe (Schwert ziehen – Mord; Laster bestrafen – „Strafe" unverständlich; Tugend – Lüge; reines Gewissen – Gewissen Spiegel für Affen; Laster ist Hochverrat – ist zum Kontrast notwendig; keine Unschuldigen gestorben – ?). Alle Dialektik kann aber nicht verhindern, daß Robespierres letzte Behauptung Danton die Sprache verschlägt und er am Ende wortlos abtritt. Vor dem ideologischen Selbstbetrug versagen seine Strategien der Relativierung.

So bleiben also wenige Momente, in denen Danton sich, sein Inneres vermittelt: im Moment der Qual, im intimen Augenblick, im Zeugnis der Freundschaft. Sein Wesentliches bleibt für die Ohren der Freunde, der Geliebten und des Zuhörers in der Regel unhörbar, weil hier eine Gesinnungsgenossenschaft und Erfahrungsgemeinschaft besteht, die der Worte nicht bedarf. In lapidaren Andeutungen, oft nur im Mimisch-Pantomimischen vermittelt Danton ganz sich selbst. Da sind einmal das „wenn ich allein ginge" und die endlich sich einstellende Gewißheit „ich werde nicht allein gehen"; da ist die Solidarität der Freunde, da ist die Körpersprache der Umarmung, da ist das berühmte letzte Wort; da ist der „wiegenliedhafte Refrain"[160] „Schlafe, mein Junge, schlafe" (123/67), mit dem Danton die letzten Stunden Camilles begleitet. Selbst im Monolog um Fassung ringend, beugt er sich über den schlafenden Freund, darauf verzichtend, ihm die Gnade des Schlafes zu rauben: „Camille! er schläft ..." (124/67) Noch auf dem Schafott wird sein „Ruhig, mein Junge" Camille in den Tod geleiten. Wenn jemand den anderen zur Ruhe gebracht hat in diesem Drama vom „ewigen Juden" (vgl. 119/61), hat er sein Bestes geleistet.

5.4
Die Sprache des Herzens: Lucile und Julie

Was Danton, was den Männern weitgehend versagt ist, ist den Frauen erlaubt: Gefühle zu zeigen und über Gefühle zu sprechen. Ihnen bleibt aber nicht viel Raum dazu, weshalb sie ganz aus den Sprachfragmenten gedeutet werden müssen, die ihnen gegönnt sind. Offenbar haben nur die Frauen Büchners den Zugang zur Unmittelbarkeit, die bei den Männern durch Reflexion gestört ist. Dies Klischee, Nachwirkung der Romantik, ist der Grund, warum Interpreten immer wieder vom „Naturischen"[161] der Frauengestalten gesprochen haben, das sich im Lyrischen ausdrücke. Sie haben am wenigsten mit der Geschichte zu schaffen, haben außer ihrer Existenz kaum Verwandtschaft mit ihren historischen Mustern, ja stammen weit eher aus der Literatur (Ophelia, Julia, Gretchen, Goethes Klärchen). Deshalb ist Robespierre auch keine Frau zugeordnet, die einen Namen trüge, sondern allenfalls seine gestaltlose *queue*. Das Klischee vom naturhaften Weib hat verblüffenderweise den gleichen Ahnherrn wie das Ethos Robespierres: Rousseau und seine Verabsolutierung des Gefühls als des Ortes ursprünglicher Erfahrung von Natur. Doch tut Büchner einiges dafür, daß das Klischee mit neuem Leben gefüllt wird. Wie er das Moralinsaure Rousseaus durch den Relativismus Dantons entschärfte, so bricht er auch das „Naturische“ seiner Frauen durch den Zusammenprall mit den entfremdenden Folgen der Vergesellschaftung (in Lenas erstem Auftritt in *Leonce und Lena* zeigt er dieses Zerbrechen geradezu im Vollzug). Deshalb irren diese Frauen monadisch durch die Welt der Politik: ohne Einfluß auf sie, aber ganz ihr Opfer.

Lucile ist es einmal (vgl. 95-97/35-37) im Drama vergönnt, mit ihrem Mann zu einem Dialog zu gelangen; der aber verläuft so symmetrisch, wie es im Lehrbuch stehen könnte. In einer Simultanszene, in der die Gesprächszeilen sich polyphon verflechten und die Aufmerksamkeit vagiert, hat sie sich auf sich selbst zurückgezogen, solange Danton und Camille über ästhetische und politische Fragen diskutieren. Camille examiniert sie darauf:

> CAMILLE. Was sagst du, Lucile?
> LUCILE. Nichts, ich seh dich so gern sprechen.
> CAMILLE. Hörst mich auch?
> LUCILE. Ei freilich.
> CAMILLE. hab ich Recht, weißt du auch, was ich gesagt habe?
> LUCILE. Nein wahrhaftig nicht.

Während dieses „Dialogs“ erfährt Danton draußen vom Beschluß seiner Verhaftung. Der Bereich des Mannes, die Politik, bleibt Lucile unbegreiflich: ein Etwas, ein Unfaßliches und nicht mit Namen zu nennen. „Wer sollte mir's [das Haupt Camilles] nehmen?“ fragt sie naiv. Ihr einziger politischer Ratschlag (bei Robespierre vorzusprechen), mit dem sie sich ins Männergespräch einschaltet, geht am Problem vorbei, weil Camille gerade dort war. Ihre Sorgen werden von Camille recht doppeldeutig zum Verstummen gebracht: „Sei ruhig, mein Kind.“ Am Ende bleibt nur der Kuß, um sich verständlich zu machen. Symmetrisch ist dieser Dialog zu nennen – trotz des Einverständnisses der beiden Partner; jeder bleibt in seiner Sphäre, aber beide Sphären sind inkompatibel; die traditionelle Rollenaufteilung läßt auch die pragmatische Verständigung zerfallen. Die Undurchdringlichkeit der Verhältnisse hat die Sprachlosigkeit Luciles im Gefolge: „Das ist eine böse Zeit. Es geht einmal so. Wer kann drüber hinaus? Man muß sich fassen.“ Die einfachsten, kindlichen Hauptsätze signalisieren diese Fassungslosigkeit, die Nichtfaßbarkeit des „Es". Im lyrischen Medium singt Lucile dann aus, was sie ahnt: „Ach Scheiden, ach Scheiden, ach Scheiden". Es emanzipiert sich aus ihrem Unbewußten („Das ist nicht gut, daß es den Weg so von selbst findet") und drückt aus, was ihre eigene Sprache nicht sagen will, das Ausgeliefertsein des Individuums an ein Abstrakt-Allgemeines. Am Schluß der Szene bricht Lucile aus der Enge ihrer Angst aus und geht ins Freie. Das deutet voraus auf die Befreiung im Tod. Lucile hat verstanden, ohne sich mit Camille in Worten zu verständigen: Der zerfallende Dialog sagt zwar viel über Rollenklischees, wenig aber über das von Büchner intendierte personale Grundverhältnis, das an keine Rollen und Sprachen gebunden ist. Zwischen den beiden bestehen Korrespondenzen, die auch durch die Gefängnismauern nicht unterbrochen werden: Camille drinnen, Lucile draußen kreisen mit Gefühl und Verstand nur um den anderen, führen einen Dialog über die Räume hinweg, auch und weil sich dieses Kreisen im Wahnsinn ausdrückt (während Lucile draußen umherirrt, fühlt sich auch der aus dem Alp erwachende Camille vom Wahnsinn umlauert), der nur ein Nicht-Verstehen der menschlichen Kontingenz ist. In diesem Nichtverstehen ist Lucile von absoluter Konsequenz: Der Tod des einzigen, des Geliebten, entscheidet über den Sinn des Lebens: „Der Strom des Lebens müßte stocken [...]." (132/76) So entscheidet sie in ihrer *amabilis insania* die Theodizeefrage mit dem Gefühl ebenso bündig wie die Philosophie mit ihrem Scharfsinn.[162] Im letzten haben die Unbedingtheit von Luciles Liebe und auch die Konsequenz ihres Handelns etwas von der Gretchens, auch weil sie den angemessenen Ausdruck im Volkslied sucht, vor allem aber, weil beide, obwohl ihr armer Sinn verrückt ist, mehr „wissen" als die Geliebten, „heldischer" leiden als diese und ihren Tod bewußt durchleben als ihre Tat und ihren Freiheitsakt. Die von Camille Entmündigte ist am Ende so mündig, daß sie die einzige politische Tat ihres Lebens begeht. Darin übertrifft sie Gretchen wie auch ihr anderes Vorbild, Ophelia, bei weitem.

Auch die Kommunikation zwischen Julie und Danton kennt eine Aufspaltung von Wort und Handlung wie die von Lucile und Camille und bestätigt, daß die nonverbale Kommunikation für Büchners Figuren höhere Bedeutung hat als das Verbale. Die Inkongruenz der Gesprächspartner wird in ihrem ersten Dialog (vgl. 69-72/5-8) von Danton aus inzeniert und forciert. Der Frage

Julies („Glaubst du an mich?"), die ins Konfessorische reicht, würde für Dantons Skeptizismus nur mit einer existenziellen Antwort begegnet werden können, für die er die hohen Worte zwar kennt, die er aber nicht benutzen will. Wie er Julie nach und nach zum Schweigen bringt, ist schon einem Katz-und-Maus-Spiel zu vergleichen, wie es etwa Leonce mit Rosetta anstellt. Hier wird – wenn auch spielerisch – Herrschaft ausgeübt über den anderen, dessen Gefühls man sicher ist.

Ganz anders steht es mit Dantons Dialogfähigkeit im schwächsten Augenblick seines Dramenlebens, in dem dann auch Julie eine ganz andere Rolle zugestanden ist. Jetzt (vgl. 97 ff./38 ff.), da sich das „Es" Dantons meldet, schlägt ihre Stunde. Ein komplementärer Dialog ist möglich, weil die Barrieren, die die Ironie des „Ich" aufgerichtet hat, gefallen sind. Während Julie situationsangemessen, wenn auch hocherregt reagiert und ihre Repliken Danton staccatoartig aus seinem Alp herausrufen („Georg, mein Georg; Gott erhalte dir die Sinne, Georg, Georg, erkennst du mich?") und Danton auf das ihm geläufige Stichwort (vgl. „Du kennst mich?", 69/5) zunächst mit dem üblichen sprachlichen Leerlauf antwortet, kann sie mit dem Reizwort „Traum" eine Traumerzählung aus ihm herauslocken, die beide dann im therapeutischen Dialog bewältigen:

> Julie. Die Könige waren noch 40 Stunden von Paris ...
> Danton. Die Festungen gefallen, die Aristokraten in der Stadt ...
> Julie. Die Republik war verloren.
> Danton. Ja verloren.

Wie der eine in den Satz des anderen einfällt, wie einer den anderen fortsetzt, ihn stützt, wie sie sich gegenseitig die Stichworte anbieten, wird komplementäres Sprechen sinnenfällig, sprechen gleichberechtigte Partner, in deren Aposiopesen die Erregung noch nachzittert[163], die aber ganz gebändigt wird durch das den Alp aufklärende, logisch-historisch argumentierende Ich. Im Kulminationspunkt („Du hast das Vaterland gerettet." – „Ja das hab' ich.") hat sich eine solche Gespanntheit aufgeladen, daß sie sich im monologischen Fluch Dantons auf den Gekreuzigten entladen muß, bis sich dann der Dialog beim Wortfeld „Ruhe" auspendelt.

Ob Büchner diese Unmittelbarkeit auch in Julies Todesmonolog erreicht, ist zu bezweifeln. Die Attitüde, die Phiole als „Priester" anzusprechen, erinnert doch etwas zu aufdringlich an Faust.[164]

Auch Räuber Moors Exaltationen liegen nicht weit ab, wo das Sterben Dantons mit dem Untergang der Sonne verglichen wird: „So stirbt ein Held".[165] Solche heroischen Metaphern gemahnen an einen Bardenton der Empfindsamkeit, den der rousseausche Büchner sonst zu vermeiden trachtet. In diesen empfindsamen Kontext gehört auch die Locke, die Lucile als wiederum sprachloses Zeichen ihres Todesmutes übersandt hat. Die Durchführung der Metapher („will denn kein Arm sie bei den goldenen Locken fassen ...") mutet gar zu allegorisch an, so als bedürfe auch Büchner beim Darstellen des heroischen Sterbens eines hohen Stiles – obwohl er genau weiß, daß dessen Mittel verbraucht sind.[166] Hier, wo die Frauen den heldischen Part übernehmen, wo ihnen allein Freiheit[167] vorbehalten ist, sind die ironischen Brüche fürwahr fehl am Platz. Der Versuch, das Pathos der *haute tragédie*, der sich wohl die Sonnenmetapher zuletzt verdankt, durch Lyrik zu ersetzen[168], gelingt in Augenblicksszenen (wie den Auftritten Lenas), er gelingt jedoch auch in den ganz zarten, unprätentiösen, hingehauchten Sätzen („Es ist so hübsch Abschied zu nehmen ..."; „Ich gehe leise") Julies, die in den heldischen Gestus eingestreut sind. Lucile hat da das bessere Teil erwählt: Ihr wird auf den Guillotinenstufen das Kirchenlied vom Gevatter Tod in den Mund gelegt. Das Zitat wirkt da unmittelbarer als der eigene Ausdruck. Das gehört mit zum Paradox, daß sie, die Kindliche, den reiferen, politisch akzentuierten Tod stirbt, wo Julie, die Bewußtere im Leben, jetzt ein umgekehrter Fidelio, den privaten, von niemandem registrierten Tod wählt.

5.5 Die Sprache des Körpers: Marion

Seitdem Marion vom Odium des Animalischen befreit ist[169], hat Sapphos „gliederlösende, böse Liebe" (10) im Drama verstärkte Aufmerksamkeit gefunden. Doch hatte schon Viëtor[170] die Figur ins klare „Licht der neuen Naturheiligung" gerückt. Zu Recht, denn diese greift hinter die Romantik und ihre Poetisierung des Natürlichen zurück auf die Mittel des Sturm und Drang und dessen Art und Kunst, Natur zu verstehen und zu beschreiben, freilich so, daß kein Gedanke ist an den Mythos von der Reinheit des Herzens. Die Natur, von der hier die Rede ist, hat eine Lucile wie eine Marion hervorgebracht: „Meine Natur war einmal so [...]." Deshalb wird aus der Szene (80-82/18-20) ein epischer Block im Fluß der dramatischen Zuspitzung, der handlungsökonomisch überflüssig ist wie St. Justs Konventsrede, auf diese bezogen wie Satz auf Gegensatz.

Wie Marion zu Füßen Dantons ruht, so ruht die Zeit; wie sie erzählt, ist alles „erlebte Rede" und an deren Zeitmaß gebunden.[171] Herausgerissen aus dem Wortschwall des Deklamatorischen und Rhetorischen, beängstigt den Betrachter geradezu die Schlichtheit in Semantik, Syntax und Erzähltechnik. Ohne Exposition löst sich aus der Situation ein Strom von nichtendenwollenden Hauptsätzen, der ohne Absatz, oft ohne Punktzäsur alles überschwemmt: „Ich kenne keinen Absatz, keine Veränderung", sagt Marion über sich und macht das in ihrem Reden sinnenfällig. Dantons Versuch, sich den Wogen entgegenzuwerfen („Du könntest deine Lippen besser gebrauchen."), versagt vor der Gewalt dieser Lebens- und Liebesgeschichte, die ins Wort drängt. Die Simplifizierung hat die Attribute konsequent reduziert oder ganz ausgeräumt, den Wortschatz nicht nur im Schlichten gehalten („Leute", „Zeug"), sondern auch diesseits des Definitorischen („ich geriet in eine ganz eigene Atmosphäre") belassen, so daß der Effekt des Verschwebenden, Nichtgreifbaren sich einstellt. Die Worte sind Sprachzeichen der gliederlösenden Liebe, die der Körper ahnt, ohne sie benennen zu können. Marion erscheint wie das inkarnierte Es. Überdeutlich in den Neutra („es war etwas darin", „es ging überall etwas um mich vor"), in denen das Unaussprechliche der Natur und des Eros zum Ausdruck gelangt. Es mag wie Blasphemie klingen, aber das Bekenntnis der Hure sagt nichts anderes als auch Fausts Credo im Religionsgespräch mit Gretchen, sagt es nur mit anderen Worten: „Nenns Glück! Herz! Liebe! Gott! [...] Gefühl ist alles" (*Faust*, 3454 ff.).[172] Das „Nönnlein von der Offenbarung durch das Fleisch" (82/20) weitet seine Lebens- und Liebesbeichte gleichfalls aus zu einer naturreligiösen Konfession in der Tradition der Identitätsmystik („Ich bin immer nur Eins"), der Danton durchaus verständnisinnig respondiert, indem er seinerseits auf Ganymed („Daß ich dich fassen möcht/In diesen Arm!") verweist: „Warum kann ich deine Schönheit nicht ganz in mich fassen, sie nicht ganz umschließen?" Indem Marions Reden dahingleitet, ohne gehemmt zu werden, der Satzzeichen nicht achtend, geht sie ganz auf im Fluidum; wird ihr alles gleichgültig; hat sich, auch in der Sprache, das Individuationsprinzip aufgehoben; will sich eine Hierarchie des Bedeutens nicht einstellen; „Diffusion des Gehalts“[173] überschwemmt die ganze Realität mit dem erotischen Wortergu߸. Ein Moment der Freiheit, den Strom zu dämmen, fehlt: „Meine Natur war einmal so, wer kann da drüber hinaus?“ Wenn Danton abschließend von der „Flut“ spricht, die Marion selber ist und in der er sich gern baden möchte, versteht er das gar nicht mehr metaphorisch.

In der Flut gehen aber die Katastrophen dieses Lebens-Laufs unter; das Eigentliche wird nicht ausgesprochen. Marions Promiskuität findet diese Paraphrase: „Aber ich wurde wie ein Meer, was Alles verschlang [...],“ der Selbstmord des Liebhabers folgende: „Ich sah hinunter, sie trugen ihn in einem Korb vorbei [...].“ Daß hier ein Woyzeck-Schicksal stattgefunden hat, ist trotz aller Worte in einer großen Aposiopese buchstäblich untergegangen.

Diese Art von Pantheismus ist also gebrochen wie der Werthers im zweiten Buch.[174] Marions „Frühling“, ihre Emanzipation aus dem Asketismus bürgerlicher Tugendlehre – auch sie hatte also unter Rousseau zu leiden! – „geht über Leichen“ und ahnt sicherlich auch schon etwas von „Frühlingserwachen“ voraus, ohne deshalb gleich etwas Tierisches in Gang zu setzen.[175] Deshalb wohl ist auch die Diffusion nicht umfassend durchgeführt, sondern gelegentlich der syntaktische Fluß gebremst durch insulare, in Punkte eingefaßte lakonische Hauptsätze, in denen Momente der Peripetie aufgefangen sind: „Endlich merkt' er's“ ist ein solcher Lapidarsatz, hinter dem sich die Entdeckung ihres permanenten Treubruchs durch den Geliebten verbirgt. „Das ist dumm“ ein anderer, mit dem der Tod der Mutter und seine Folgen kommentiert werden. Also ragt auch aus diesem „Strom“ ein Fels, der „Fels des Atheismus“, den die Frage „warum leide ich?“ (107/48) ausmacht: „Ich mußte weinen“ heißt es über ihre Reaktion auf den Tod des Liebhabers: „Das war der einzige Bruch in meinem Leben.“ In ihrem Verzicht, gegen das Unfaßliche der Natur aufzubegehren, das auch der Sturm und Drang beschrieben und in seinen besten Ergebnissen nicht nur naiv-freudig, sondern auch – wie hier – mit Angst registriert hatte („ich war in unsäglicher Angst“), nimmt sie etwas von Nietzsches *amor fati* voraus.

Und schließlich mündet die Erzählung in eine Coda, in eine

Stauung, die der Naivität des Erzählflusses gar nicht entsprechen will, in ein Epigramm, das Dantons würdig wäre: „Es läuft auf eins hinaus, an was man seine Freude hat, an Leibern, Christusbildern, Blumen oder Kinderspielsachen, es ist das nämliche Gefühl, wer am Meisten genießt, betet am Meisten." Auch Marions Identitätsgefühl ist durch die Reflexion schon zerbrochen. Das chiastisch zugespitzte Wort enthält die Philosophie des Lebens, die auch Danton sein eigen nennt, an deren Praxis er aber gescheitert ist. Seine Erinnerung an Ganymed schaut also auf etwas zurück, was ihm verwehrt bleibt. Doch zeigt er etwas von der wissenden, wachen Sinnlichkeit, die Totalität anstrebt in der Körpersprache. Sonst würde ihm Marion nicht bestätigen, daß seine „Lippen" „Augen" haben, das heißt doch wohl, daß er als ganzer in den Sinnen ist.[176]

Marion ist gleich weit entfernt von der Politik, die Danton aufreibt, wie von der Obszönität, mit der Legendre den erfüllten Augenblick zerstört und von der grotesken Kopulation der Hunde auf der Gasse berichtet. Nicht Marion ist obszön, sondern die Bürger sind es. Ihren absoluten Gegensatz findet sie aber in allem, was als „System" auftritt, allem Starren, Verhärteten, das den Lebensstrom fixiert: in der Politik (Robespierre, St. Just), in der Moral (Rousseau, Kant), im Poetischen (die „Idealdichter", 306), in der Technik (die Automate, die Guillotine).

6
Raum und Zeit

6.1
Der Raum

Mit Regieanweisungen geht Büchner sparsam um: „ein Zimmer", „eine Straße", „das Revolutionstribunal" und ähnliche Lakonismen ersetzen umfänglichere Dekorationsbeschreibungen. Und doch gewinnen diese Räume eine Wirkungsmacht, weil die Figuren nicht im ewig-gleichen, heroisch-aristokratischen Raum stehen, in Kulissen und vor unbewegten Hintergründen. Die Räume sind mit Geschichte aufgeladen, sie sprechen, und die Personen kommunizieren mit ihnen. So wie das Personal das Panorama von den Revolutionsführern bis zu den Straßenhuren belebt, so belebt es die im ständischen Sinne und im Sinne der klassizistischen Poetik entgrenzten und nicht bühnenwürdigen Räume der Großstadt und des Epizentrums der Revolution, von der Gasse bis zum Justizpalast, vom Kerker bis zum Schlafzimmer. Politik, Liebe und Tod: diesen drei Grundthemen sind die speziellen Räume des Spiels zugeordnet, so schließlich, daß auch Schnitter Tod sein Amt auf der Bühne verrichten darf.

Anders als im *Woyzeck* spielt hier die Natur keine aktive Rolle, obwohl auch hier die Figuren davon sprechen, daß sie sich von der „Natur" überwältigt fühlen. Die Revolution, die „zurück zur Natur" führen sollte, spielt sich in Zimmern, allenfalls vor dem Pöbel auf der Gasse ab. Die bakchantischen Rotten der Jakobiner treiben ihr Wesen im Dschungel der Großstadt, und die Vernichtung wird zum Jahrmarktstreiben, der Jahrmarkt zur Metapher für den Zustand der Welt. Eben weil auch Danton der Dionysos nicht ist, der er gerne wäre, ist er der Natur entfremdet; die Grenze zwischen Panerotik und Verbalerotik hat er längst überschritten. In seiner Todesgeschichte kommt deshalb die Natur nur auf dem Wege der Negation ins Spiel. In den Zimmern sind die Figuren – wie in *Egmont* – lebendig eingesargt[177]; der engende Raum weist voraus auf die Unausweichlichkeit des Todes. Weil er die Natur in sich abgetötet hat, darf Robespierre Rousseau in den historischen Räumen der Revolution nur deklamieren, ihn aber nicht praktizieren. Und selbst die Frauen, diese Naturwesen, hat ihr Schicksal ins

Zimmer gebannt. Marion spricht von der Natur in der Retrospektive. Der Frühling von damals läßt sich in diesem Todesfrühling nur besprechen. Auf der Gasse muß die Natur ihre eigene Persiflage durch den kleinbürgerlichen à-la-mode-Rousseauismus erdulden: „Der Duft einer Blume, diese natürlichen Freuden, dieser reine Genuß der Natur!", seufzt „Madame", worauf Danton, die Naturfreiheit durch die Triebgefangenheit karikierend: „Geht das nicht lustig? Ich wittre was in der Atmosphäre, es ist als brüte die Sonne Unzucht aus." (94/33) So wirkt das Raumarrangement wie ein überdimensionaler Sarg: „Wir kratzen 50 Jahre lang am Sargdeckel." (119/61) Und: „Will denn die Uhr nicht ruhen? Mit jedem Picken schiebt sie die Wände enger um mich, bis sie so eng sind wie ein Sarg." (123 f./67) Konzentrisch schließen sich die Räume immer enger um die Dantonisten; sie leben in Räumen, die immer weniger Freiheit lassen, selbst im Gefängnis hat die Verlagerung aus dem Luxembourg (dort durften die Gefangenengruppen miteinander kommunizieren und sich frei bewegen)[178] in die Conciergerie, den Vorhof des Todes, Konsequenzen, da dort nur noch „wenig Raum" (123/66) bleibt und die Gefangenen durch allenfalls verbleibende Fenster Kontakt aufnehmen müssen. Raum und Zeit entsprechen als Zeit-Raum einander: Je mehr die Lebenszeit zusammenschrumpft, desto enger schließen sich die Räume.

Die Figuren, die leben und leben wollen, streben aus der Enge der Zimmersärge ins Weite. Lucile treibt die Sorge um Camille ins Freie: „Wie das Zimmer so leer ist, die Fenster stehn offen, als hätte ein Toter drin gelegen. Ich halt' es da oben nicht aus." (97/37) Beispielhaft führt ihr Weg statt in die Freiheit unmittelbar aus dem Lebensraum hinaus in die Ortlosigkeit des Todes.[179] Bei ihrem nächsten Auftritt treibt sie ihr Wahnsinn durch die Straßen der Gerichtsinsel und in den weiteren Szenen ihre Hellsicht zur Guillotine. „Scheiden", wie sie die personale Trennung besingt, erfährt sie in der Dimension des Raumes: „Wie er [Camille] hinaus ist, war mir's als könnte er nicht mehr umkehren und müsse immer weiter weg von mir, immer weiter." (97/37) Für die inselhaften Existenzen des Dramas würde das Freie die Freiheit nur bedeuten können, gäbe es die Gegenwelt der Geschichte nicht. Die irre Lucile irrt so ziel- und orientierungslos durch die Stadt, um ihrem Mann zu helfen, ohne ihm helfen zu können, bis sie ihr Ende im Tode findet.

Deshalb treten die isolierten und entfremdeten Figuren immer wieder ans Fenster[180], an die Grenzscheide zwischen Zivilisation und Natur, Kerker und Freiheit – sind sie ja beinahe fensterlose Monaden, die wenig voneinander wissen: Danton tut es, wenn ihn die Erinnerung an die Septembermorde überwältigt; Robespierre, wenn seine Selbstzweifel ihn überkommen, ohne etwas (von sich) im Dunkeln erkennen zu können. Beiden gelingt es nicht, aus dem Gefängnis ihres alten Ich auszubrechen. Auch Marion erfährt beim Blick aus dem Fenster ihre Einsamkeit. Im „wirklichen" Gefängnis erst verbürgt das Fenster das Minimum eines Kontaktes: wenn Danton mit dem kranken Fabre Kontakt aufnimmt (vgl. 127/70), wenn Lucile hinterm Gefängnisgitter ihren Camille wie einen steinernen Gast erblickt (vgl. 126/70), wenn Danton die Locke Julies empfangen hat und ihr über die Distanz hinweg dankt (vgl. 124/67). Ans Fenster tretend, leert schließlich Julie die Giftphiole, und ihr Blick aus dem Fenster in den Abendhimmel verspricht ihr ein Einswerden mit der Natur und eine Befreiung aus dem Kerker der Zeit.

Nur einmal treffen wir Danton in offener Natur an, auf freiem Feld; da wird ihm aber die Freiheit zu einem panischen Erlebnis: „Ich mag in dieser Stille mit dem Geplauder meiner Tritte und dem Keuchen meines Atems nicht Lärmen machen." (97/37) Die Bewegung im Raum könnte die seelische Trauerarbeit nicht ersetzen. Die Flucht vor der Verhaftung könnte nicht zugleich Flucht vor der Wiedererinnerung sein, im Gegenteil: die Flucht vor dem Tod wäre eine Flucht in die Erinnerung hinein: „Dann lief ich wie ein Christ um meinen Feind d. h. mein Gedächtnis zu retten." (98/37)

Der „Riß in der Schöpfung" also wird von den Figuren universal im Raumerleben erfahren. Visionen vom Abgrund, vom „Abyssos"[181] („die Erde ist eine dünne Kruste, ich meine immer ich könnte durchfallen, wo so ein Loch ist", 95/35), und Phantasmagorien vom Ritt auf der Weltkugel (99/39) zeigen die Weite des Raumes paradox als genauso bedrohlich an wie die Enge. Wie die Vision die wildgewordene Weltkugel durch den Raum geschleift sein läßt, ohne daß man wüßte, wer Treibender, wer Getriebener ist, nimmt sie die Kosmosschau des tollen Menschen vorweg, der exzentrisch, aus dem Mittelpunkt der Welt gefallen, in der Unendlichkeit des Raumes dahintrudelt. Auch der Weite, der Entgrenzung und ihrer absoluten Freiheit ist der Mensch seit Kopernikus nicht gewachsen.

Ein Requisit überschattet vom ersten Wort an die Räume: die Guillotine. Als „Fels des Atheismus“ steht sie am Ende auf der Bühne. Vorher, wenn sie nur beredet wird, dringt auch das Fluidum, der Geruch der Schlachtbank, in die geschlossenen Räume ein. Die Wortfelder des Stinkens und Faulens, vom Grab und von den Würmern[182] lassen Blutgeruch und Grabesdunst alle Gespräche begleiten. Als letzter Ausdruck von Zeit und Geschichte legt sich die Nacht über die Szene; wie überhaupt viele Szenen im Dunkel der Nacht spielen: „Die Nacht schnarcht über der Erde und wälzt sich im wüsten Traum.“ (87 f./26) Wenn Dantons und Robespierres Selbstverständnis durch Träume und Visionen erschüttert wird, wenn der Königsweg ins Unbewußte eröffnet wird, wenn Danton verhaftet wird, wenn die Gefangenen die Theodizeefrage erörtern, wenn Danton Camille beruhigt, herrscht Nacht; wenn die Dantonisten hingerichtet werden, bricht sie gerade herein. Dunkel und Nacht setzen nicht nur die Gespenster des Un- und Unterbewußten frei, sondern schaffen die Atmosphäre für die existentielle Selbstbesinnung, für das philosophisch intendierte Gespräch, für den intimen Augenblick (auch das Marion-Gespräch findet am späten Abend statt, vgl. 83/21), für die Stille und das Beisichsein. Die Dunkelmänner dagegen sind am Tage geschäftig; dem Tag gehört der Karneval der Straße, die Vulgarität des Revolutionsplatzes, die Geschäftigkeit der politischen Intrige. Sein Sehnsuchtsziel, die Negation alles Endlichen, formuliert Danton deshalb in Bildern des Dunkels und der Stille: „Will denn das nie aufhören? Wird das Licht nie ausglühn und der Schall nie modern, will's denn nie still und dunkel werden [...]?“ (98/38) Das sind Töne, die aus der Romantik herüberdringen, aus Novalis etwa oder aus Schlegels *Lucinde*: „Doch endlich wird des Tages fruchtlos Sehnen, eitles Blenden sinken und erlöschen, und eine große Liebesnacht sich ewig ruhig fühlen.“[183] Dazu stimmt, daß Lichtwerte immer wieder von Büchners Figuren als quälend empfunden werden. Farben finden sich deshalb relativ selten und ohne Einprägsamkeit.[184] Stille, das Sehnsuchtsziel der Männer, umgibt dagegen wie selbstverständlich die Frauen; wie im metaphysischen Aufschrei dagegen („wir sind die armen Musikanten“, 129/73) drängt sich die panische Verlorenheit der Männer – oft chorisch

– zusammen: So fallen die Gegensätze, die klaustrophobische Angst und die panische Ortlosigkeit im Raum, in eins zusammen.

6.2 Die Zeit

Die dualen Handlungsstränge bestimmen das Verhältnis der in ihnen engagierten Figuren zur Zeit. Das Kollektiv handelt in der historischen Zeit linear und zielgerichtet (so ergibt sich die dramatische Akzeleration gegen das Ende hin); Danton und seine Freunde kommen mit der Zeit vornehmlich als Leidende in Kontakt. In ihrem ihnen eigenen Raum durchleben sie ihre eigene Zeit, eine erlebte Zeit im intensivsten Sinne des Wortes. Aus der Alltäglichkeit des Daseins befreit, obwohl im Kerker gefangen, fällt die Zeitlichkeit als meßbare Zeit von ihnen ab. Sie erfahren Zeit als reine Qualität, auf einen Punkt zusammengedrängt, hinter dem nichts folgt als die Zeitlosigkeit. Schon in einer Unterwelt vegetierend, müssen sie lernen, die historische Zeit hinter sich zu lassen. Je länger je mehr erscheint diese als kontingent und Handeln in der Zeit als relativ. Im historischen Drama eignete der Zeit eine antagonistische Funktion: Sie ging über den Helden hinweg, der Held verpaßte den Kairos, den rechten Augenblick, seine Entscheidung lief der Zeit hinterher und führte zur Katastrophe; hier dagegen besteht von Anfang an keine Auseinandersetzung mit dem Widerständigen der Zeit mehr. Zukunft als Dimension der Sorge wird – zunächst bloß rhetorisch – abgedrängt. Die einzige „ziel"gerichtete Aufgabe, die in der Stagnation noch besteht, stellt die Angst: ihrer selbst Herr zu werden. Den Kontrast von Zeitlichkeit der Zeit und Entzeitlichung faßt Büchner in dieser Antithese:

> CAMILLE. Rasch Danton wir haben keine Zeit zu verlieren.
> DANTON (*er kleidet sich an*). Aber die Zeit verliert uns. (90/29)

Dabei steht Danton entkleidet von den Zufälligkeiten, die die Zeit mit sich bringt, auf der Bühne.

Der reale historische Zeitrahmen läßt sich nur aus Indikatoren rekonstruieren: Genau datierbar sind die Vorgänge von der zweiten Szene des ersten Aktes an erst aufgrund der Bemerkung Dantons in I, 5: „Morgen geh' ich zu Robespierre" (85/23). Diese historisch verbürgte letzte Begegnung der Gegner läßt sich eben nur über die Quelle, nicht mittels der Angaben des Dramas auf den 28. März 1794 datieren, die Hinrichtung auf den 5. April. Wie die erste Szene zeitlich einzuordnen ist, hängt allein davon ab, wie man Philippeaus Replik akzentuiert: „Heute sind *wieder* (meine Hervorhebung) zwanzig Opfer gefallen. Wir waren im Irrtum, man hat die Hébertisten nur auf's Schafott geschickt, weil sie nicht systematisch genug verfuhren [...]" (70/6). Betont man das „wieder", spielt die erste Szene nicht am 24.3., dem Tag der Hinrichtung der Hébertisten selbst, sondern höchstwahrscheinlich am gleichen Tag wie die folgenden Szenen,[185] am 28. März also, so daß der 24.3. lediglich der *terminus post quem* für das Dramengeschehen wäre. Die Folge wäre, daß die Kontinuität der Zeit gewahrt bliebe, wenn auch nicht die Einheit der Zeit, ohne daß diese chronologische Genauigkeit Büchners dem Betrachter ins Auge fiele.

Auch im Umgang Büchners mit dem historiographischen Material läßt sich die Tendenz zur Entzeitlichung, zur Unterdrückung der konkreten Zeitbeziehung ablesen.[186] Ein des öfteren untersuchtes Beispiel[187]: In der Quelle schließt Danton seine große Verteidigungsrede mit den Worten: „Seit zwei Tagen kennt das Tribunal Danton; morgen hofft er im Schoße des Ruhmes zu entschlummern."[188] Büchner formt um: „Jetzt kennt ihr Danton; noch wenige Stunden und er wird in den Armen des Ruhmes entschlummern." (112/54) „Peinlich"[189] hält die Quelle an der exakten Definition der Zeit fest. Büchner eliminiert nicht nur die quantitativ definierende temporale Bestimmung („jetzt" statt „seit zwei Tagen"), er verschärft nicht nur die Verkürzung der Lebensspanne, er verkürzt die temporale Bestimmung in einem Anakoluth, dessen Satzzäsur die innere Erregung des Sprechenden und seine Tatsachengewißheit auffängt („er *wird* entschlummern" statt des euphemistisch-heroischen „*hofft* zu entschlummern"): Der Tod ist schon präsent; Gespanntheit auf das Ende existiert nicht; die Bestimmung des Zeitpunktes seines Eintretens erübrigt sich.

Während also die historische Zeit ihres wenn auch verborgenen Nexus' bedarf, macht die Kerkersituation die Zeit vergessen, obwohl auch ihr Zeitindikatoren beigegeben sind (III, 1; III, 6; IV, 3,5,6), die sich jedoch nur durch atmosphärisch wirkende Angaben von Tageszeiten oder dramenextern (Daten der Gerichtssitzungen) ergeben. Für die Inhaftierten selbst existiert nur noch ein

Zeitbegriff, der der „Nacht“ des Todes (107/49). Der aber hat nichts mehr mit Zukunft und Progression zu tun und wirkt nur in der Denk- und Gefühlsbewegung der Figuren: „Ja Camille, morgen sind wir durchgelaufne Schuhe [...].“ (123/66) Die Sorge um den Tod provoziert die Auseinandersetzung mit der Vergänglichkeit, die die Zeit gezeitigt hat. Der Wunsch Dantons, in der reinen Gegenwart zu leben (Marionszene), wird systematisch unterlaufen: Zunächst durch eine barock anmutende Fortuna-Zeit, deren Opfer er ist, dann durch die Einerleiheit der Langeweile, dann durch den Tod selbst, den er vorwegnimmt und der den Genuß der Gegenwart verdirbt. Während aber Danton dem Tod davonzulaufen versuchte, seine Möglichkeit überhaupt leugnete, durchlebt er die Kerkertage als Sein zum Tode; eine Verinnerlichung, wenn nicht eine – freilich schwankende – Entwicklung hat statt, während Robespierre, der immer nur auf die Zukunft aus ist – die reine Gegenwart der Liebe hat er nie erfahren – und Utopia durchs Programm herbeizwingen will[190], so stagniert, daß er für die Bühne uninteressant geworden ist: Über der Zukunft hat er die Gegenwart vergessen; die und die in ihr Lebenden werden ihm zum Mittel für das Erreichen dieses Zweckes. Aus der Verlorenheit auf freiem Feld gewinnt hingegen Danton sich selbst in der Bewältigung der Angst, in der er sich vor das Sterben gestellt sieht, im vorweglaufenden Einholen des Todes, bevor er gestorben ist, und in der Fürsorge für die leidenden Gefährten.

7
Die Geschichte, die Philosophie und die Dichtung

7.1
Büchners historische Beobachtungen

7.1.1
Die Große Revolution in Grundzügen

Drei Revolutionen sind es – Furet entsprechend[191] – gewesen, die im Jahre 1789 stattfanden: die der Abgeordneten in Versailles, die der Bauern und die der Kleinbürger von Paris. Zunächst erklären sich die Generalstände am 17.6.1789 zur Nationalversammlung; der Dritte Stand im Verbund mit dem Neuadel reagiert so auf die katastrophale Finanzlage des Staates und der Krone einerseits wie ihren eigenen Ausschluß von Privilegien (wie Steuerfreiheiten, Ämtermonopole) andererseits und setzt so das staatsrechtlich gültige Zeichen für die Revolutionierung der Ständegesellschaft, indem er den Anspruch auf die Repräsentation des ganzen Volkes erhebt. Mit der Abschaffung der feudalen Privilegien (4.8.) und der Befreiung der Bauern werden die traditionellen Eigentumsverhältnisse nur zaghaft angetastet, da eine Ablösung der Feudalabgaben und nicht eine entschädigungslose Übereignung vorgesehen ist. Die Erklärung der Menschenrechte (26.8.), die die revolutionäre Trikolore von *liberté*, *egalité* und *fraternité* entfaltet, erhebt im Geiste Rousseaus das Volk zum obersten Souverän, schützt durch eine Gewaltenteilung im Sinne Montesquieus vor Willkürakten und fundamentiert die Verfassung (3.9.1791) in der Naturrechtstradition der Aufklärung. Die Diskussionen um die Constituante bringen die Brüchigkeit des revolutionären Bündnisses ans Tageslicht: Die Gruppe um Mirabeau, den ersten Führer der Revolution, hat durchaus moderat-monarchistische Ambitionen und will das absolute Vetorecht des Monarchen und eine starke Exekutivgewalt der Krone gesichert wissen; die Gruppe um Sieyès hält zwar auch den Monarchen für nicht absetzbar, sein Votum aber für nicht qualifizierter als das eigene. Am Ende (nach dem Tod Mirabeaus) wird dem König ein hinauszögerndes Veto eingeräumt, werden aber Exekutive und Legislative getrennt. Die Säkularisierung der Kirchengüter, die Neuordnung des Wahlverfahrens (das

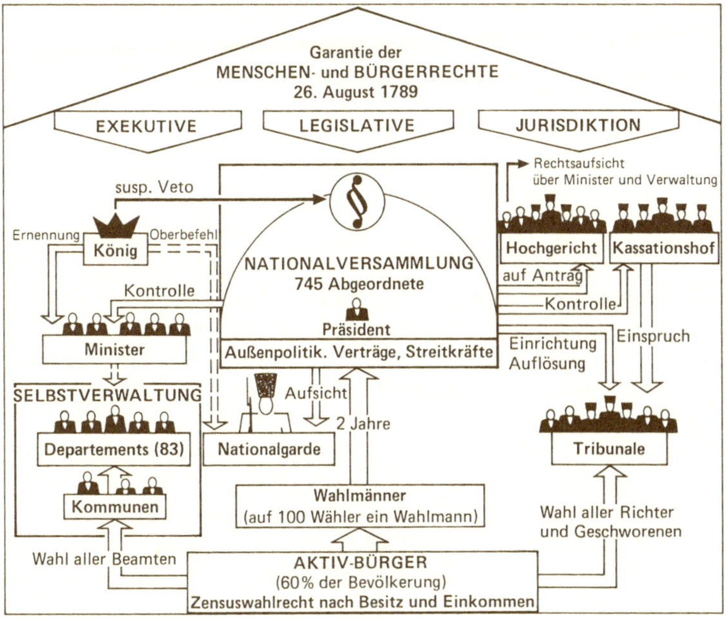

Quelle: Hermann Kinder, Werner Hilgemann, *dtv-Atlas zur Weltgeschichte*, Bd. 2, 8. Auflage, München 1973, S. 18.

Wahlrecht bleibt freilich an eine Steuer gebunden) und des Unterhalts des Klerus, die Abschaffung der Zünfte und eine Reform der Verwaltung und Justiz komplettieren das Verfassungswerk.

Erst mit dem 14.7.1789, der Erstürmung der Bastille durch die städtischen Massen, schließt sich das Paris der Händler, Handwerker, kleinen Besitzer der Revolution des Dritten Standes an. Die enorme Steigerung der Lebenshaltungkosten, die Wirtschaftskrisen und Hungersnöte, Mißernten und Seuchen gehören zu den unmittelbaren Bedingungsfaktoren der städtischen Revolution. Ländliche Aufstände aus Angst vor der Reaktion des Adels und des Auslandes (*Grande Peur*) schließen sich an. Der Zug der Marktweiber von Paris nach Versailles (5.10.1789) zwingt den König, der Verfassung zuzustimmen; Nationalgarde und Volk führen ihn in die Isolation von Paris zurück.

Der *Révolution de la liberté* folgt die *Révolution de l'égalité*. Während der Dritte Stand durchaus nicht gesonnen war, auf seine

Besitzrechte und Grundsteuern zu verzichten, zielt die Revolution der Bauern nicht nur gegen den Adel, sondern auch die Bourgeoisie, die gleich jenem den Grundbesitz nach kapitalistischer Praxis zu bewirtschaften begonnen hat. Mit der Verfassung, dem Werk des Bürgertums, hatte die Revolution die Freiheit, nicht jedoch die Gleichheit erobert: Das Wahlrecht blieb an den Zensus gebunden; die Erbmonarchie stellte die verfassunggebende Versammlung nicht in Frage. Die Kriegserklärung an Österreich (20.4.1792), der Sturm auf die Tuilerien (10.8.), die Verhaftung des Königs auf der Flucht über Varennes ins befreundete Ausland (20.6.1791), die Abschaffung der Monarchie (21.9.1792) und die Errichtung der Republik setzen der ersten Phase der Revolution ein Ende. Allgemeine Rechtsunsicherheit, mangelhafte Sanierung der Staatsfinanzen, Inflation, Kriegsangst, der Konflikt mit der katholischen Kirche, Hunger, aber auch Rivalitäten unter den Revolutionsführern haben die Versöhnungspolitik Lafayettes scheitern und eine allgemeine Solidarität zerbrechen lassen. Die Gesetzgebende Versammlung, im Oktober 1791 begründet, mehrheitlich besetzt von den Girondisten (Vertretern des Besitzbügertums und genannt nach den Abgeordneten des Département Gironde/Bordeaux), wird nach der Verhaftung des Königs suspendiert, ein Nationalkonvent ausgeschrieben, ein regierender Ministerrat gebildet, Danton zum Justizminister ernannt und an dessen Spitze gestellt. Kaum im Amt, läßt Danton geschehen, daß mehr als 1400 Gefangene (Kriminelle, Priester und Royalisten) gelyncht werden, als am 2. 9. 1792 die Truppen der Alliierten vor Verdun stehen und das Stadtvolk konterrevolutionäre Akte im Innern verhindern zu müssen glaubt. Der Einfluß der auch im Konvent dominierenden Girondisten (das „Tal“ genannt, auch der „Sumpf“, weil sie die unteren Ränge des Parlamentssaales besetzen) zerbricht immer mehr am radikalen Programm des jakobinischen Egalitarismus, den vor allem die Sansculotten, die Vertreter der Pariser Kommune, die die direkte Demokratie und das allgemeine Wahlrecht fordern, betreiben und der sich die „Bergpartei“ unter der Leitung von Danton, Marat und Robespierre nicht verschließt. Die Kriegs- und Wirtschaftspolitik der Girondisten erweist sich als wirkungslos, sie werden von den ultraradikalen Hébertisten und den Enragés, den Anhängern des ehemaligen Priesters Jacques Roux, als Feinde der Gleichheit und des Volkes bezichtigt und vorläufig entmachtet.

Mit der Hinrichtung des Königs am 21.1.1793 kündigt sich die spätere Schreckensherrschaft an, mit dem von den Sansculotten initiierten Volksaufstand (31.5. – 2.6.1793) setzen die Jakobiner das Parlament matt, erreichen die Auslieferung von 27 girondistischen Abgeordneten, fordern die radikale Bestrafung der inneren und äußeren Feinde der Demokratie, setzen das Revolutionstribunal ein, verlagern die Gewalten (Bestätigung der Gesetze, Kontrolle und Absetzbarkeit der Parlamentarier) in die Sektionen und erleichtern die Terreur durch ein Gesetz gegen „Verdächtige“ (Sept. 1793), denen das „Bürgerzeugnis“ verweigert wird und die mit dem Tode zu rechnen haben. Durch den Ausschluß vieler Girondisten aus dem Konvent und die Gründung des Wohlfahrtsausschusses durch Robespierre (6.4.1793), eines provisorischen Regierungsinstruments, dem vom Nationalkonvent für die Dauer des Krieges militärische und politische Leitung übertragen wird, liegt die absolute Macht in den Händen der Jakobiner, die freilich schon im September nur mit den Mitteln des Terrors aufrechterhalten werden kann. Von den Zentralproblemen (nach außen der Krieg, nach innen das soziale Elend) bewegt das Jakobinertum nur das erste: Am 23.8. ruft Danton den Volkskrieg, die *levée en masse*, aus, dem einige kriegspolitische Gewinne zu verdanken sind. Die neue Verfassung jedoch (24.6.1793) mit ihrer konsequenten Anwendung des Gleichheitsgrundsatzes auch auf sozialem und wirtschaftlichem Gebiet tritt nie in Kraft und dirigistische wirtschaftspolitische Praktiken werden der Inflation wie dem Hunger nicht Herr. Danton, der sich zuvor aus unbekannten Gründen einer Teilnahme an der Regierung im Wohlfahrtsausschuß versagt hat, fordert seit dem Dezember 1793 das Ende der Terreur, des Krieges und der dirigistischen Wirtschaftspolitik; es gelingt ihm jedoch nicht, Robespierre ins Lager der *Indulgents*, der Gemäßigten, hinüberzuziehen. Zwischen zwei Fronten, der der Moderaten und der der Hébertisten, die für die Verschärfung des Schreckens plädieren, weiß sich Robespierre der Macht nur durch die *grande terreur* zu versichern, durch die systematische Ausmerzung der Hébertisten und der Dantonisten. Hébert wird im März der Prozeß gemacht, Danton zwischen dem 1. und 4. April. Beider Anklage lautet auf Komplott gegen die Revolutionsregierung, in Dantons Fall genauer: auf Konspiration mit Dumouriez, Bestechung durch den König und den Hof. Einem letzten Aussöhnungsversuch zwischen Danton und Robespierre ist kein Erfolg beschieden; es scheint auch verbürgt, als habe Robespierre Desmoulins, den Schulkameraden, zunächst retten wollen. Doch immer mehr verselbständigt sich die Hinrichtungsmaschinerie so, daß auch ihre Erfinder ihr Opfer werden. Das Ausbleiben der sozialen Revolution, die Verschlechterung der Lebensbedingungen, das „Maximum“ der Löhne, die Verhaftung streikender Arbeiter durch St. Just, die „große Reinigung“ im Juni/Juli und die Verkürzung der Tribunalverfahren (nun reichen „moralische Beweise“ zur Dekapitierung aus) lassen Robespierre nicht nur die Basis beim Volk, sondern auch bei den Ausschüssen und beim Konvent verlieren. Er, St. Just und seine Anhänger werden am 28.7. ohne Prozeß hingerichtet; den Thermidorianern jedoch, den Nachfolgern Robespierres, gelingt eine Stabilisierung der Politik ebenso wenig wie ihren Vorgängern; in rascher Folge wechseln die Staatsstreiche einander ab, bis das Militär die Macht übernimmt.

7.1.2 Büchners Umgang mit den Quellen

> Ihr Danton zog nicht: vielleicht wissen Sie den Grund nicht? Weil sie die Geschichte nicht betrogen haben: weil einige der bekannten heroice Dicta in Ihre Komödie hineinliefen und von den Leuten drin gesprochen wurde, als käme der Witz von Ihnen. (350)

Mehr als das: Büchner hat nicht nur berühmte Epigramme der Revolutionshelden in seinen Text eingeflochten; er hat ganze Handlungsabläufe, ganze Szenen aus seinen Quellen abgeleitet und genau das getan, was die ersten Leser – hier nach Gutzkows Bericht – ihm vorwarfen: „aus dem Ganzen ein dramatisiertes Kapitel des Thiers“ (350) gemacht.

Art und Umfang dieser Quellen sind allerdings bis heute noch in der Diskussion, während andererseits die Zentralquellen unbestritten sind: die populäre, eklektizistische, in Heften erschienene *Geschichte Unserer Zeit*, resp. *Unsere Zeit,* bearbeitet von Carl Strahlheim [d. i. Johann Konrad Friederich], Stuttgart 1826 – 1830, und (Louis) A(dolphe) Thiers, *Histoire de la Révolution Française*, Paris 1823 – 1827. Bei Strahlheim findet sich zudem eine Übersetzung der Memoiren Riouffes (Honoré Riouffe, *Mémoires d'un Détenu* etc., Paris 1794/5) unter dem Titel *Denkwürdigkeiten eines Gefangenen, ein Beitrag zur Geschichte der Tyrannei Robespierres.* Louis Sébastien Merciers *Tableau de Paris* (Amsterdam 1783) und die *Galerie historique des Contemporains* (Brüssel 1817 ff.) lieferten Episodisches. Andere bisher bekannte historiographische Werke dienten, wenn überhaupt, als Vorlage für Anekdotisches.[192]

In den historisch-politischen Passagen des Dramas zeigt Büchner verblüffend wenig Neigung, Selbständigkeit zu beweisen, so daß die neueste Arbeit zum Quellenproblem die Originalität ihm abzusprechen geneigt ist. Vor allem der Danton-Prozeß hänge geradezu sklavisch von Thiers' Geschichtsschreibung ab (und auch der erste Akt gewinne von dorther seine Struktur)[193]: Thiers' Methode, nicht nur pointiert, sondern geradezu dramatisch-szenisch zu erzählen und die Einzelepisoden abschließend prägnant zu bewerten, habe die Dramatisierung erheblich vereinfacht und geprägt. Thiers habe also das Formular abgegeben und den Zusammenhang vorgebildet, in den andere Episoden eingearbeitet und vor allem der Privatstrang der Handlung eingebettet seien.

Aus dieser Quellenbindung zu schließen, Büchner sei so verfahren, um der Geschichte „so nahe als möglich zu kommen" (305)[194], ist jedoch voreilig. Viel näher liegt zunächst die Hypothese, daß ihn das Vorgangshafte, Faktische weniger interessiert hat als den Historiker Thiers, daß er sich also den Rahmen rasch aus diesem kompiliert hat, um den Blick frei zu bekommen für das innere Drama der Todgeweihten, wo Thiers die Affektwelt seines Danton eher verbirgt[195]. Die Geschichte, der er bei Thiers nahekommen will, ist ja schon vermittelt, interpretiert, auch verstellt, und das wußte Büchner; Primärquellen hat er nicht benutzt (was auch biographische Gründe haben kann), sondern Revolutionsdarstellungen vorzüglich der zweiten Generation, deren Verfasser selbst nicht mehr vom Revolutionsgeschehen betroffen waren[196], wobei Strahlheim wieder von den gängigen Revolutionsdarstellungen abhängig ist. Thiers (und Mignet) verstehen ihre Historiographie als liberale Opposition gegen die Restauration, indem sie die Revolution (vor allem die Erklärung der Menschenrechte, die Constituante, die Verfassung von 1791) nicht in Frage stellen[197], deren terroristische Phase jedoch ablehnen. Thiers, vor allem aber Mignet vertreten nach Chateaubriands Wort die *école fataliste* in der Revolutionsgeschichtsschreibung: Während Mignet jedes personale Geschichtsverständnis leugnet und die „Paradegäule und Ecksteher" (288) als Reagierende, nicht als Agierende betrachtet, geht Thiers zwar von einem determinierenden Geschichtsgesetz aus, hat aber noch gewisse Hoffnungen auf den großen einzelnen und seinen punktuellen geschichtsbestimmenden Einfluß.[198] Dantons heroisches Paradox könnte von Thiers gesprochen sein: „Das Schicksal führt uns den Arm, aber nur gewaltige Naturen sind seine Organe." (111/53) Mignet und Thiers lieferten Standardwerke der Revolutionsgeschichtsschreibung zu Büchners Zeit, die zu kennen zum allgemeinen Bildungsgut gehörte[199]; daraus so exzessiv abzuschreiben, wie Büchner es tat, hieß den sicheren Plagiatsvorwurf provozieren; Büchner mag also das Bewußtsein gehabt haben, daß es darauf nicht ankam.

Es erweist sich als fatal, wenn auch verführerisch, aus der Quellenlage nun auf die Ideologie des Exzerpierenden zurückzuschließen, weil wir so wenig Definitives über Büchners Geschichtsbild wissen. Genauso spekulativ können die Interpretationen von Veränderungen an den Vorlagen sein; denn Büchner hat sich nicht gescheut, einerseits die parteiliche Einfärbung des Prozeßverlaufes zu übernehmen,[200] andererseits sich von seinen Quellen weit entfernt, wenn er etwa seinen Danton nicht aus politischen, sondern aus innerlichen, persönlichen Gründen resignieren läßt. Während das Handlungsschema eben Thiers folgt, verfügt er über die „heroice Dicta", indem er durchaus ihren historischen Ort verändert, sie in den Mund anderer Personen legt: Mercier z. B. übernimmt Worte (vgl. 111/51: „Da klatschen die Galerien ..."), die bei Thiers Lacroix gesprochen hat[201], Robespierre solche, die in *Unsere Zeit* St. Just zugelegt sind („Wer eine Revolution zur Hälfte vollendet, gräbt sich selbst sein Grab", 85/24). Oder Büchner interpoliert einfach Anachronismen in den historischen Kontext, wie die Verteidigung des Privateigentums durch Robespierre in seiner Rede vor dem Jakobinerklub[202], oder im Drama nicht erscheinende Figuren (wie Vergniaud) geben (Danton) so wichtige Stichworte wie den Vergleich der Revolution mit Saturn, der seine eigenen Kinder frißt (vgl. 84/22), oder Büchner verändert marginale Figuren so, daß sie sich den dramatischen Notwendigkeiten fügen, weshalb Thomas Payne aus einem Theisten zu einem Atheisten werden muß.

Die Orientierung an Thiers schließt nicht aus, daß Büchner

auch den unbequemeren Weg geht und andere Szenen musivisch aus den verschiedensten Quellen und Bereichen zusammenstellt wie das Philosophengespräch in der Conciergerie – ein philosophisches Cento, das in ein historisches eingelagert ist.[203] Hier sei das überschaubarere Beispiel von III, 3 beobachtet: Lacroix und Danton sind ins Luxembourg eingeliefert worden (III, 1), dürfen sich jetzt frei bewegen und entsetzen sich, als sie der Zahl der Inhaftierten gewahr werden. Quelle ist nicht Thiers, sondern Strahlheim, der fast wortwörtlich Riouffe mit diesem Wortlaut folgt:

> Lacroix, der wegen der Art, wie er sich benehmen sollte, sehr verlegen war, schien mehr, als alle andere, von dem Bewußtseyn gefoltert, daß alle die Unglücklichen, die er erblickte, es durch seine Schuld geworden waren. Er affektirte ein Erstaunen, das, weil es nicht wahrhaft seyn konnte, alle diejenigen, die Zeugen davon waren, empörte. Er sah aus, als wäre er über das Schicksal so vieler Schlachtopfer gerührt. „Wie kommt es, daß so viele junge Mädchen hier eingekerkert sind!" schrie er. Alles befremdete ihn, die Form des Tribunals, die harte Gefängniß-Kost, die Zahl der Gefangenen. „Was!" sagte einer von ihnen, „sind ihnen nie Karren mit Schlachtopfern begegnet, wodurch Sie erfuhren, daß in Paris eine Menschenschlachtbank sey?" – „Nein" erwiederte er, „mir sind nie Karren begegnet."[204]

Aus der umständlichen, syntaktisch komplizierten und unbeholfenen, inhaltlich wie formal gleicherweise naiven, wohl flüchtig hingeworfenen Übersetzung schneidet Büchner nicht mehr als zwei Repliken aus:

> LACROIX. Wie, so viel Unglückliche, und in einem so elenden Zustande?
> D GEFANGNE. Haben Ihnen die Guillotinenkarren nie gesagt, daß Paris eine Schlachtbank sei? (110/51)

Der ersten nimmt er die erotische Komponente, verallgemeinert sie, bleibt ihr im Sinne aber nahe; die Antwort des Gefangenen reproduziert er fast wörtlich, aber so, daß die unglaubwürdige Naivität Lacroix' in politischen Dingen und auch seine Unverantwortlichkeit seinen eigenen Folgen gegenüber, die sich in der Umständlichkeit seiner Syntax spiegelt, ersetzt werden durch ein (schuldbewußtes) Verstummen. Der epische Duktus muß natürlich verschwinden; das Epigrammatische, das Büchner in den anderen heroischen Phrasen der Revolutionäre kennengelernt hatte, spitzt er durch die syntaktischen Korrekturen zu (das elliptische „wie“ in Lacroix’ Replik; die Reduzierung von zwei Hypotaxen auf eine in der Replik des Gefangenen). Im Effekt wird Lacroix entlastet: Riouffe und Strahlheim erklären sein Mitleid mit den Gefangenen für Schauspielerei („*il affectait*“), für die falsche Scham dessen, der mit den Wirkungen seiner Politik in unmittelbaren Kontakt gerät, wo Büchner mit dem epischen Bericht auch die Wertungen eliminiert. Im ganzen Drama tritt Lacroix nie als ein Mitschuldiger, allenfalls als süffisanter, die anderen Dantonisten durch seine scharfe Zunge übertreffender Dandy auf. Thiers’ Reflexion bestätigt gegen Riouffe und *Unsere Zeit*, daß Lacroix’ Reaktion ernst genommen werden müsse: „*L’étonnement de Lacroix était sincère, et c’est une leçon pour les hommes qui, poursuivant un but politique, ne se figurent pas assez les souffrances individuelles des victimes* [...].“[205] Die aber legt er in anderem Wortlaut („Geht einmal euren Phrasen nach ...“) Mercier in den Mund – dem Girondisten, dem Vertreter der Bourgeoisie also. Darein fügt sich, daß Danton der Humanität des Girondisten mit einem Schuldbekenntnis begegnet, daß wieder aus Thiers stammt: „*C’est à pareil jour, dit-il, que j’ai fait instituer le tribunal révolutionnaire. J’en demande pardon à Dieu et aux hommes. Mon but était de prévenir un nouveau septembre et non de déchaîner un fléau sur l’humanité.*“[206] Ja, mehr als Thiers noch, darin der *Galérie historique* folgend, deutet Danton eine Revision seines Verhaltens gegenüber den Girondisten an: „Meine Herren ich hoffte Sie Alle diesen Ort verlassen zu machen.“ (110/52) Das zusammengenommen macht wenigstens die Vermutung wahrscheinlich, daß Büchner durch seine Montage anderes wollte, als den Girondisten Mercier als seinen politischen Gegner zu diffamieren, indem er ihm eine „humanitäre Phrase“[207] in den Mund legt. Im Umgang mit der Geschichte eignet ihm offenbar größere Objektivität als seinen Interpreten, denn er wußte: „Nichts kommt Einem doch in der Welt teurer zu stehen, als die Humanität.“ (309).

In Büchners Umgang mit dem Quellenmaterial zu den beiden Protagonisten läßt sich der Eindruck bestätigen, daß die Adaptation nicht dogmatisch, sondern perspektivisch-dramaturgisch verfährt. War das Bild Robespierres schon durch die Ideologie der Quellen verfälscht[208], so verändert Büchner die Verfälschung noch einmal, für und gegen Robespierre. Er erweckt Sympathie für ihn, wenn er ihm (unabhängig von den Quellen) einen Entscheidungsmonolog zulegt und Einblick in seine Psychologie, seine Gedanken, in seine Motive, auch sein Gewissen und dessen redliche Erforschung verleiht, den Funktionär also vermenschlicht (vgl. 87, 90/25 f., 27), oder wenn er ihn die soziale Revolution fordern läßt, währenddessen Danton als Bordellgast seine Pointen erprobt. Büchner scheut sich aber auch nicht, durch – im Angesicht des umfangreichen kompilierten Quellenmaterials – mikroskopische Konjekturen Robespierre ins Zwielicht zu stellen (Robespierre und das Recht auf Eigentum) oder durch schlichte Streichungen die satzhaft-dogmatischen Sätze zuwege bringen zu lassen, die für den doktrinären Systematiker so charakteristisch sind. Bei Strahlheim heißt es in der Rede vor dem Jakobinerclub:

> Ist die Triebfeder der Volksregierung im Frieden die Tugend, so ist die Triebfeder der Volksregierung in einer Revolution zugleich die Tugend und der Schrecken: die Tugend, weil ohne sie der Schrecken verderblich, der Schrecken, weil ohne denselben die Tugend ohnmächtig ist.[209]

Büchners Kürzungen und ihr Effekt: „Die Waffe der Republik ist der Schrecken, die Kraft der Republik ist die Tugend. Die Tugend, weil ohne sie der Schrecken verderblich, der Schrecken, weil ohne ihn die Tugend ohnmächtig ist." (78/15) Die ästhetischen Wirkungen der Kürzungen erzielen eine stärkere Pointierung, indem Büchner den Parallelismus stärker hervortreibt, den Kongruenzfehler („ist") der Quelle vermeidet und das hilflose „denselben" durch das Personalpronomen ersetzt. Zunächst hatte Büchner in diesem Absatz, der fast durchweg wörtlich aus Strahlheim abschreibt und nur gelegentlich stilistisch korrigiert, genau wie dieser zu schreiben begonnen („Ist die Triebfeder der Volksregierung im Frieden die Tugend ..."), sich während der allmählichen Verfertigung der Gedanken beim Schreiben offensichtlich korrigiert, wohl erkennend, daß eine Kürzung Robespierres Programm (in durchaus verzerrender Weise) radikalisieren würde: Er generalisiert, indem sein Robespierre den Schrecken für alle Zeiten, der historische nur für Revolutionszeiten fordert. Er verschärft das Programm, indem er das Vokabular durch vornehmlich militärische Begriffe radikalisiert. Die historische Figur ist dem Morphologen und Anatom Büchner zum Experiment geworden, dessen klein bürgerlicher Widersprüchlichkeit er mit seinem Skalpell und der „Autopsie" (Gutzkow) beikommen will.

Umgekehrt analog behandelt er Danton. Thiers, der ja noch an die geschichtliche Macht der Persönlichkeit glaubte, tut einiges, um Danton auf der Folie Robespierres heller erstrahlen zu lassen, hat aber mit den Septembermassakern seine Schwierigkeiten und muß sie als Verirrung entschuldigen.[210] Bei Büchner verfolgen Danton die Gespenster der Vergangenheit mit aller Intensität, sie lassen sich nicht bannen, weil sie der Fels sind, an dem der Epikureismus Dantons zerschellt und sich seine Wahrhaftigkeit sich selbst gegenüber bewähren muß. Die Entmachtung und Entmächtigung seines Helden treibt Büchner über die Vorlage hinaus. Die Worte, mit denen Danton auch bei Thiers für die Einrichtung des Revolutionstribunals um „Pardon" bittet, bettet Büchner ein in die Auseinandersetzung mit Mercier (s. o.), der Danton demonstriert, daß die Wirkungen sich von ihren Ursachen gelöst und verselbständigt haben: Der Schöpfer (des Tribunals) muß sich als Opfer der von ihm selbst geschaffenen Maschinerie erkennen. Wo sich der historische Danton bei Thiers als Handelnder versteht, dem das Ergebnis lediglich der Absicht nicht entspricht, ordnet Danton dies Mißverhältnis dem „Fluch unserer Zeit" (110/51) unter und gemahnt so an den „Fluch des Muß" (100/39), in dem er seinen Fatalismus gründet.[211] Büchner kostet die Ambivalenz der Kategorien (Ursache und Wirkung) und Anschauungsformen (Raum und Zeit) aus, wenn er Danton so resümieren läßt: „die Ursache verklagt ihre Wirkung, der Ruf sein Echo, der Grund seine Folge." (77/14) Ein Historiker, der solches schreiben würde, würde sich der Bedingungen der Möglichkeit seiner eigenen Arbeit berauben.[212]

Man darf also Büchners Umgang mit den Quellen nicht mit dem des dokumentarischen Theaters verwechseln.[213] Die Quelle ersetzt nicht nur das Erfinden durch das Finden; Büchner selektiert und arrangiert das Vorgefundene, er erfindet, indem er integriert; er integriert, indem er in den Wortlaut unbedenklich eingreift und der Quelle ihr Eigenrecht streitig macht. Er erlaubt sich diese Eingriffe, weil er eben nicht „Bilder aus Frankreichs Schreckenzeit" malen, schon gar nicht Geschichte, „wie sie sich wirklich begeben" (305), rekonstruieren will. Da er aber einen Vorwurf nicht (wie viele seiner Zunftgenossen) aus dem Alltagsleben, sondern aus der großen Geschichte (an)verwandelt, ist seine Praxis für den Historisten ein Skandal, weil Büchner tatsächlich als „*second maker*" die Geschichte „zum zweiten Mal erschafft" (305), durch eine artifizielle Kombinationstechnik eine Scheinrealistik erzeugt, der sich nicht allein die historischen Quellen, sondern auch die philosophischen und persönlichen unterwerfen müssen. Gerade auch die Integration des Intimen, des persönlichen Erlebnisses bestätigt den sekundären Charakter des „Materials" gegenüber dem Werk, so daß selbst das Persönliche seinen ursprünglichen Stellenwert verlieren darf. In solchem Zusammenhang von Plagiat oder fehlender Originalität zu reden macht keinen Sinn, weil der Übergang vom einen literarischen Genus in das andere eine neue Hierarchie von Material und Demonstrationsziel schafft. Allenfalls mag man sich darüber empören, daß Dichter – nach Nietzsches Wort – schamlos sind gegenüber ihren Erlebnissen, weil sie sie ausbeuten. Büchners Dichtung befindet sich also gleich weit von Dokumentationstheater wie von Erlebnisdichtung: Schlichte Kausalitäten zwischen Leben und Werk lassen sich so leicht nicht herstellen, wie es die jüngere Büchner-Forschung immer wieder versuchen will.

7.2 Büchners ästhetische Überlegungen

Büchner hat keine eigene Poetik entwickelt – wie sollte er auch. Die Literatur war für ihn, den Politiker und Naturwissenschaftler, eine „Nebenbeschäftigung". Alle Äußerungen Büchners zum Thema sind eingebunden in andere Texte und Verwendungszusammenhänge, seien es Briefe oder literarische Texte, anderen Zwecken unterworfen, anderen Figuren in den Mund gelegt oder mit anderen ästhetischen Intentionen verknüpft. Unverfänglich-unverstellt scheint Büchner nur in dem großen Brief an seine Eltern vom 28.7.1835 über den *Danton* zu sprechen, der uns hier leiten soll, der sich dann aber auch als situationsgebunden und apologetisch herausstellen wird:

> Was übrigens die sogenannte Unsittlichkeit meines Buchs angeht, so habe ich Folgendes zu antworten: der dramatische Dichter ist in meinen Augen nichts, als ein Geschichtsschreiber, steht aber *über* Letzterem dadurch, daß er uns die Geschichte zum zweiten Mal erschafft

> und uns gleich unmittelbar, statt eine trockne Erzählung zu geben, in das Leben einer Zeit hinein versetzt, uns statt Charakteristiken Charaktere, und statt Beschreibungen Gestalten gibt. Seine höchste Aufgabe ist, der Geschichte, wie sie sich wirklich begeben, so nahe als möglich zu kommen. Sein Buch darf weder *sittlicher* noch *unsittlicher* sein, als die *Geschichte selbst* [...]. Ich kann doch aus einem Danton und den Banditen der Revolution nicht Tugendhelden machen! [...] Der Dichter ist kein Lehrer der Moral, er erfindet und schafft Gestalten, er macht vergangene Zeiten wieder aufleben, und die Leute mögen dann daraus lernen, so gut, wie aus dem Studium der Geschichte und der Beobachtung dessen, was im menschlichen Leben um sie herum vorgeht. [...] Wenn man mir übrigens noch sagen wollte, der Dichter müsse die Welt nicht zeigen wie sie ist, sondern wie sie sein solle, so antworte ich, daß ich es nicht besser machen will, als der liebe Gott, der die Welt gewiß gemacht hat, wie sie sein soll. Was noch die sogenannten Idealdichter anbetrifft, so finde ich, daß sie fast nichts als Marionetten mit himmelblauen Nasen und affektiertem Pathos, aber nicht Menschen von Fleisch und Blut gegeben haben, deren Leid und Freude mich mitempfinden macht, und deren Tun und Handeln mir Abscheu oder Bewunderung einflößt. Mit einem Wort, ich halte viel auf Goethe oder Shakspeare [!], aber sehr wenig auf Schiller. (305 f.)

Hatte Aristoteles die Dichtung als „etwas Philosophischeres und Ernsthafteres als die Geschichtsschreibung" definiert, weil sie das „Allgemeine" mitteile und deshalb im Rahmen des „Wahrscheinlichen" operieren dürfe, löst Büchner diese Hierarchie scheinbar auf, wenn er das Drama an das historische Faktum bindet und einen Unterschied lediglich in der Vermittlungsweise erkennen will: Der Historiker beschreibt erzählend oder in Begriffen, der Dramatiker stellt dar. Der Dramatiker ist Plastiker, der Historiker Epiker oder Wissenschaftler. Im Wirklichkeitsbezug sollen sie sich nicht unterscheiden, obwohl der eine nach dem Topos vom *second maker* über dem andern stehen soll – ein Widerspruch, durch den der Mythos vom Genie hindurchlugt, während die Lippen anderes bekennen und die Autonomie des Kunstwerks zugunsten des historistischen Ideals von der Authentizität und der wissenschaftlichen Überprüfbarkeit opfern. Wenn Büchner wirklich den Status der Kunst nach dem Kriterium der Lebendigkeit der Darstellung hätte gewahrt wissen wollen, wäre er nicht ohne Naivität auch in erkenntnistheoretischen Fragen gewesen, eine Naivität, die er in seinen philosophischen Studien nicht zeigt. Wenige

Zeilen später im Brief sagt er in etwas anderem Kontext durchaus offen, was er vom Dichter erwartet: „er erfindet und schafft Gestalten". Und damit bestätigt er unseren induktiven Befund, daß er das Material, das er findet, zum Experiment nutzt und so neu erfindet, daß diese nicht nur an ihr vorbei, sondern auch gegen die historische Wahrheit zeugen. Indem er die Revolutionshelden seinen Text sprechen läßt, indem er seine Welt in ihre Innenwelt projiziert, befindet er sich weit jenseits des positivistischen Ideals des Historismus, dem in der Kunst die Reduzierung des aristotelischen Mimesisgedankens auf eine Widerspiegelung entspräche. Selbst da, wo er montiert, montiert er nicht unmittelbar geschichtliche Realität, sondern deren Vermittlung, Interpretationen, deren Tendenz wiederum übernommen oder korrigiert werden konnte, so daß der zweite Schöpfer in bezug auf das Ereignis der dritte genannt werden muß. Das Ereignis, die Große Revolution, schrumpft in solcher Betrachtung auf den Anlaß einer Dramatisierung eines paradigmatischen historischen Vorgangs zurück. Vor allem die Psychologisierung nimmt den Figuren paradoxerweise ihre historische Singularität, sie gewinnen typischen Charakter (Stoiker – Epikureer; Rom – Attika etc.), jedenfalls waren sie nicht das, was Büchner zeigt; aber was er zeigt, macht sie allgemeiner. Danton in der Perspektive seiner Frau, Robespierre in seinen Angstvisionen, Barrère, der seinen schmutzigen Opportunismus füttert: das sind Konstellationen, die sich vom historischen Anlaß ablösen. In ganz anderer Weise, als Aristoteles gedacht, wird Büchners Dichtung dadurch doch wieder allgemeiner als die Geschichte. Sie grenzt sich vom positivistischen Zerfall in Atome ab.

Und ein zweites ist die Folge des antihistoristischen Kunstwollens: Büchner glaubt nicht mehr an die Wahrheit. Die historistische Gewißheit zu wissen, was ist, ist reduziert auf ein „wir wissen wenig [voneinander]" (69/5). Sein *Danton* zeigt weder die Französische Revolution noch die Revolution schlechthin, sondern eine Diskussion über die Revolution und ihre Folgen. Das historische Gerüst dient dem Anlaß, Reflexionsszenen zu organisieren, in denen die Figuren ihre allenthalben feststellbare Entfremdung und Fremdbestimmung wie ihr Verhältnis zum Tod als problematisch empfinden. Deshalb ist es so wichtig, daß das Drama den temporalen Nexus der Historie nachvollzieht (andernfalls würde es sich lächerlich machen), aber den Kausalnexus nicht demonstriert. Das mechanische „da ... also" würde Einsichten in die Strukturzusammenhänge der Wirklichkeit simulieren, die zumindest keine der Figuren besitzt. Das „Es" jedoch, dem sich Büchners Figuren unterworfen fühlen, hütet sich, die Komplexität aller gesellschaftlichen, psychologischen, natürlichen Gegebenheiten zu benennen; der Skeptiker im Naturwissenschaftler Büchner legt sein Drama panoramatisch, parataktisch an[214]: Er schreibt in *diesem* Sinne ein Drama des Nebeneinanders, wo ein Unter- und Übereinander anmaßliche Definition des Kausalkomplexes der Wirklichkeit und Gängelung des Zuschauers wäre. Nicht nur im stilistischen Detail, sondern auch in der Makrostruktur gerät sein Drama zu einer Großellipse, in der die letzten Gründe und Folgen ausgespart sind.

So wenig wie Büchner kausale Stringenz intendieren wollte, kann er des Aristoteles teleologische Naturauffassung teilen: Die Gesetzlosigkeit, die er darstellt, unterscheidet sich sowohl von der Metamorphoseidee Goethes und der mit ihr verbundenen Entelechievorstellung (Danton dazu: „Von einem Misthaufen auf den andern!", 119/61) wie von Schillers teleologischer Geschichtsphilosophie. Bereits der Schüler bestand auf dem Recht des Individuums (bei seiner Verteidigung des Selbstmordes) vor dessen Unterordnung unter einen zielgerichteten Prozeß. Die Unterscheidung von Mittel und Zweck aus der Kantischen Ethik leistet ihm dabei Argumentationshilfe:

> Die Erde wird nämlich hier ein *Prüfungsland* genannt; dieser Gedanke war mir immer sehr anstößig, denn ihm gemäß wird das Leben nur als *Mittel* betrachtet, ich glaube aber, daß das Leben *selbst Zweck* sei, denn: *Entwicklung* ist der Zweck des Lebens, das *Leben selbst* ist Entwicklung, also ist das Leben selbst *Zweck*. (136)

Die absurde Predigt des Handwerksburschen im *Woyzeck* (vgl. 212), die Kritik am teleologischen Standpunkt in der Probevorlesung „Über Schädelnerven" („Alles, was ist, ist um seiner selbst willen da", 260) und die fortlaufende Kritik an Leibniz und Spinoza im *Danton* verstärken die Gewißheit einer ateleologischen Naturanschauung, auch wenn Büchner in seiner Probevorlesung eine „Harmonie" der Natur, ein Grundgesetz der Schönheit postuliert, in dem Form und Stoff zusammenklingen – er scheint dieses Amalgam aus Goethe und Schiller seinen Zuhörern (Oken) und ihrer Naturphilosophie zuliebe eingeflochten zu haben.[215]

Der Verzicht auf die Fragen nach dem Warum und Wozu befreit aus dem Rahmen der traditionellen Metaphysik wie Ästhetik. In *Leonce und Lena* betrachtet der Prinz seine gescheiterte Liebe im platonischen Modell von Idee und Wirklichkeit, das sich ihm in dieser Verkehrtheit präsentiert: „Warum ist der Dunst über unsrer Erde ein Prisma, das den weißen Glutstrahl der Liebe in einen Regenbogen bricht?" Diese Erfahrung, daß ein Transzendentes (so es eines gibt) sich am Immanenten und seinen Grenzen bricht, daß es nur in seiner Dispersion, in den Partikeln faßbar ist, in die es zerfallen ist, kennt ebenso Danton, wenn er die „mediceische Venus stückweise" bei den Huren zusammensuchen muß und „Mosaik" (80/18) macht. Die perspektivische Brechung hindert die Annäherung an ein Absolutes oder Totales. Deshalb kann Camilles Poetik nur als eine utopische verstanden werden, wenn sie die „Schöpfung, die glühend, brausend und leuchtend [...] sich jeden Augenblick neu gebiert" (96/35), darstellen will. Die Kritik an einer formalistisch-klassizistischen Kunst teilt Camille gewiß mit Büchner. In seinem Bild von Pygmalion („Die Griechen wußten, was sie sagten, wenn sie erzählten Pygmalions Statue sei wohl lebendig geworden, habe aber keine Kinder bekommen", 96/35) will Camille mit Heine der klassizistischen Kunst wohl den Vorwurf machen, nicht unmittelbar in die Wirklichkeit einzugreifen und durch direkte Leserbeeinflussung „Kinder" zu zeugen. Aber die Naivität, mit der er die Totalität des Seins fassen zu können glaubt und die Kunst an der Wirklichkeit mißt, als sei sie unmittelbar ethisch-ideologisch an diese angebunden, entspricht eher dem Bewußtsein eines Sturm-und-Drang-Ästhetikers und wirft ihn hinter Dantons und Büchners Erkenntnisstand in den philosophischen Manuskripten und im Philosophengespräch zurück.

Wenn sich nun Büchner im Brief an die Eltern wehrt, sich zum Lehrer der Moral aufwerfen zu wollen und den Zuschauer im Sinne einer falsch verstandenen (mechanistischen) Aufklärung zu gängeln, dann verstellt er wohl kaum seine wahre Auffassung; spricht auch Camille ganz ähnlich: „Nimmt Einer ein Gefühlchen, eine Sentenz, einen Begriff und zieht ihm Rock und Hosen an [...] – ein Ideal!" (95 f./35) Seine Gegner sind dabei weniger Aristoteles oder Schiller als Gottsched und seine Rezepte: „Der Poet wählet sich einen moralischen Lehrsatz, den er seinen Zuschauern auf sinnliche Art einprägen will."[216] Und doch ist auch hier die apologetische Tendenz nicht zu leugnen: Büchner, der sich von der Verantwortung für die „Unmoral" seiner Figuren freisprechen will, leugnet die moralische oder politische Intention. Was daran stimmt: Büchners Werk enthält den moralischen Lehrsatz Gottscheds wirklich nicht, zu dem es selbst das allegorische Kleid wäre. Was aber nicht stimmt, ist, daß er keine moralische Absicht besitze; aber der Vorwurf der Eltern meint ja auch einen ganz anderen Begriff von Moral, nämlich ausschließlich den der Sexualmoral. Tatsächlich versteht sich Büchner als ein „Lehrer der Moral" in der Nachfolge der Affektenlehre der Aufklärung, der sich nicht nur argumentativ auf den Absolutismus des Verstandes verläßt, sondern auch emotional den Zuschauer bannen will. Die Mitleidslehre des Aristoteles hatte Lessing so zugespitzt, daß er alle anderen Affekte des Zuschauers (den Schrecken und die Bewunderung) auf diesen einen zurückgeführt hatte; Büchner erklärt mit Payne das Leiden zur Urerfahrung, und so spricht er wohl auch aus seinem Danton, wenn der den apathischen oder gar freudig erregten Zustand der Epikurischen Götter angesichts des Leidens in der Welt zum Horror macht: „Sind wir Kinder, die in den glühenden Molochsarmen dieser Welt gebraten und mit Lichtstrahlen gekitzelt werden, damit die Götter sich über ihr Lachen freuen?" (129/73) Was Danton hier in metaphysischem Sinne formuliert, hat er früher ins Ästhetische gewandt, wenn er sich über die *impassibilité* Davids, des jakobinischen Malers, erregte, „der im September die Gemordeten, wie sie aus der Force auf die Gasse geworfen wurden, kaltblütig zeichnete" (96/35 f.): Der Schrecken also wird wie bei Lessing aus dem Trauerspiel vertrieben, sein Gegensatz kann nur das Mitleid sein. Büchner selbst läßt neben der Liebe noch den Affekt des Hasses oder der „Abscheu" gelten, freilich nur denen gegenüber, die den Schrecken verbreiten:

> *Ich verachte Niemanden* [...]. Es ist wahr, ich lache oft, aber ich lache nicht darüber, *wie* Jemand ein Mensch, sondern nur darüber, *daß* er ein Mensch ist, wofür er ohnehin nichts kann, und lache dabei über mich selbst, der ich sein Schicksal teile. [...] Der Haß ist so gut erlaubt als die Liebe, und ich hege ihn im vollsten Maße gegen die, *welche verachten*. [...] Ich hoffe noch immer, daß ich leidenden, gedrückten Gestalten mehr mitleidige Blicke zugeworfen, als kalten, vornehmen Herzen bittere Worte gesagt habe. (285f.)

Vom Zuschauer ist beides gefordert: das emotionale Engagement wie der intellektuelle Vorgang der Überprüfung der angebotenen Wirklichkeitsdeutungen. Im Unterschied zum pragmatischen, praxisbezogenen Flugblatt, das agitierend auf Verwirklichung drängt, fehlt dem ästhetischen Werk der direkte Zugriff auf die Wirklichkeit. Ein Rezept zur Korrektur der Wirklichkeit (das Gottsched noch kannte) kennt Büchner nicht. Wenn er ein Utopia aufscheinen läßt, dann nur ironisch (wie im Schlußbild von *Leonce und Lena*). Wer einen Widerspruch zwischen dem politisch agierenden und dem ästhetisch experimentierenden Büchner sehen will, setzt eine Systematik voraus, die weder die unterschiedlichen Gattungsgesetze noch die zu unterscheidenden Verwendungszusammenhänge gelten läßt, weil er sein System nicht durch die Systemlosigkeit des anderen erschüttern lassen will. Das affektive Berührtsein von Büchners neuem Pathos darf nicht die letzte Etappe der Rezeption sein, sondern fundamentiert die eigenständige Reflexion, die persönliche Erfahrung, die Interpolation des Rezipienten. Rezeptionssicherheit wird von Büchners Drama konsequent unterlaufen, da die Positionen, die sein Werk anbietet, einander zuwiderlaufen.

Ein letztes Mal zurück zu Büchners Brief an die Eltern, in dem er sich ja auch in einer ästhetischen Tradition ansiedelt, die weit weg liegen soll von den „sogenannten Idealdichtern", von denen er nur Schiller mit Namen nennt, während Goethe und Shakespeare als Leitfiguren seiner realitätsbezogenen, mit „natürlichen" Affekten versehenen Kunst fungieren. Damit überträgt Büchner den Sturm-und-Drang-Kontrast zwischen dem Klassizismus des französischen Theaters und diesem selbst auf den ehemaligen Stürmer Schiller, indem er ihn gegen Goethe und implizit gegen Lenz ausspielt. Der Lenz seiner Novelle, der mit ähnlichen Worten gegen die „idealistische Periode" argumentiert, verfährt dabei wesentlich vorsichtiger und ohne Namensnennung; denn das Paradox will es, daß dieses Bekenntnis zur Ästhetik des Häßlichen („wir haben dann nicht zu fragen, ob es schön, ob es häßlich ist", 144) und „Unmoralischen" von eben diesem Schiller in fast gleichem Wortlaut formuliert wurde,[217] so daß man vielleicht gar nicht auf Victor Hugo oder Diderot oder Mercier zurückgreifen muß, um für diese Ästhetik einen Stammvater zu finden[218]:

> Wirklich ist das große Vorrecht der dramatischen Manier, die Seele gleichsam bei ihren verstohlensten Operationen zu ertappen, für den Franzosen durchaus verloren. Seine Menschen sind [...] doch selten mehr als eiskalte Zuschauer ihrer Wut, oder altkluge Professore ihrer Leidenschaft. [...] Die Ökonomie desselben [des Schauspiels *Die Räuber*] machte es notwendig, daß mancher Charakter auftreten mußte, der das feinere Gefühl der Tugend beleidigt und die Zärtlichkeit unserer Sitten empört. (Ich wünschte zur Ehre der Menschheit, daß ich hier nichts denn Karikaturen geliefert hätte, muß aber gestehen, so fruchtbarer meine Weltkenntnis wird, so ärmer wird mein Karikaturenregister.)

Und in der Vorrede zur ersten Auflage der *Räuber* heißt es: „Jeder Menschenmaler ist in diese Notwendigkeit gesetzt, wenn er anders eine Kopie der wirklichen Welt und keine idealische Affektationen, keine Kompendienmenschen will geliefert haben."[219] Dieser ästhetische Zirkel belegt noch einmal, daß den Elternbriefen Büchners keine systematische „Poetik" abzugewinnen ist und daß diese Briefe alles andere sind als Bekenntnisse. Das Realismusdogma verdankt sich mit Sicherheit der Argumentationslist, die die „Ferkeleien" als historisch geschehen und gesprochen rechtfertgen soll. Ob der Nennung Schillers eine ähnliche Strategie zugrunde liegt, ist nicht auszumachen; auszumachen ist jedoch, wieviel Büchner tatsächlich Schiller verdankt.[220] Büchner tut mit seinen Eltern, was viele aufmüpfige Söhne dieses Alters tun: Er hält sie zum Narren, und das nicht ohne Grund, doch immer so, daß er die Grenze zur Lüge nicht überschreitet.[221] Vielleicht wollte er nur der Mutter, der Schiller- und Körner-Freundin, eins versetzen. Der Scharfsinn der Interpreten jedoch, diesen Worten ein bekennerisches Gewicht zu verleihen, entspräche dann der Kurzsichtigkeit der Eltern.

7.3
Büchners philosophische Studien

Wenn also das Drama so mit der Geschichte verfährt, wenn es den seelisch-geistigen Vorgängen auf der Innenbühne der Todgeweihten mehr Aufmerksamkeit widmet, wenn es nicht „Dantons Revolution" heißt, sondern „Dantons Tod", wenn Büchner die Kerkergespräche ihrem Inhalt nach nicht aus den historiographischen

Quellen bezogen hat, sondern – wenn auch in Orientierung an literarischen Mustern[222] – weit freier komponiert hat, dann hat Büchner die Philosophie als das verstanden, was sie von Plato an sein sollte, als Sorge um den Tod, und den Tod umgekehrt als inspirierenden Genius der Philosophie. Warum sich Büchner gegen Ende seines Lebens zwischen allen literarischen Projekten und anstrengendsten Fischpräparationen auf das Studium der Philosophie wirft und sich gar mit dem Plan trägt, überhaupt ins philosophische Fach zu wechseln, gehört zu den zahlreichen Rätseln seiner Biographie. Daß da ein immenses Bedürfnis vorhanden war, sich der philosophischen Frage zu stellen und den naturwissenschaftlichen Fragehorizont zu transzendieren, läßt sich angesichts des immer neu ansetzenden Fragens im Werk kaum leugnen, auch wenn Büchner sich (gegenüber Gutzkow und dem jüngeren Bruder) durchaus abfällig über die Philosophiegeschichte und ihre Erzeugnisse äußert: „Ich werde ganz dumm in dem Studium der Philosophie; ich lerne die Armseligkeit des menschlichen Geistes wieder von einer neuen Seite kennen" (311), heißt es gegenüber Gutzkow, und gegenüber Wilhelm:

> Ich habe mich jetzt ganz auf das Studium der Naturwissenschaften und der Philosophie gelegt, und werde in Kurzem nach *Zürich* gehen, um in meiner Eigenschaft als überflüssiges Mitglied der Gesellschaft meinen Mitmenschen Vorlesungen über etwas höchst Überflüssiges, nämlich über die philosophischen Systeme der Deutschen seit Cartesius und Spinoza, zu halten. (321)

Die Studien über Spinoza und Descartes, die er Ende 1835 und dann zwischen Juni und Oktober 1836 betreibt[223], und die Exzerpte zur griechischen Philosophie, die sich bis heute nicht datieren lassen[224], zeigen deutlich ein vorrangiges Interesse für ontologisch-metaphysische Fragen, und die vom Bruder Ludwig überlieferten Todesahnungen aus der Zeit zwischen Juni und Oktober 1836 („Ich werde nicht alt werden."[225]) lassen vermuten, daß Büchner vor nichts Unerforschlichem staunend verharren, sondern den Dingen auch philosophisch auf den Grund gehen wollte, mag dieser auch recht bald nachgegeben haben. Was Wilhelm Schulz über Büchners „religiöse" Ansichten mitteilt, könnte den denkerischen Typus Büchner wohl am besten erfassen:

> Jede Zeile seiner Schriften gibt davon Zeugniß, daß er in seinen religiösen Ansichten und in denen *über* Religion freier war, als irgend Einer. Aber seine durch und durch skeptische Natur ließ ihn auch seinen Zweifel bezweifeln und bewahrte ihn vor jenem Hochmuthe, der sich mit dem Dünkel der Untrüglichkeit als Dogmatiker der Verneinung dem der Bejahung entgegenstellt.[226]

Könnte man aus Büchners poetischen Schriften allenfalls noch Dogmatisches herauslesen (die Büchner-Exegese hat es immer wieder getan, indem sie die Rollenrede der Figuren für Büchners Rede gehalten hat), so bestätigen Büchners Kommentare zur Philosophiegeschichte Schulzens Eindruck vom Skeptiker Büchner, der auch seine Zweifel noch bezweifelte und damit den entscheidenden Schritt über Descartes hinausging. Seine Absicht, über die deutschen Systeme seit Descartes und Spinoza zu lesen, richtet sich auf jene zwei Denker zunächst, die zwar jenseits der scholastischen Seinsgewißheit und also an den Toren der Aufklärung stehen, weil sie den Wahrheitszweifel schon durchlebt haben, die aber, jeder auf seine Weise systematisch und rational, den Gottesgedanken des Mittelalters in Frontstellung gegen empirisch-relativistische Ansätze zu rekonstituieren bemüht sind. In der Auseinandersetzung mit ihnen, in der scharfsinnigen Kritik an ihren Deduktionen, im akribischen Nachdenken ihrer Beweisgänge, im ironischen Aufdecken ihrer logischen Schwächen triumphiert Büchner über die metaphysische Spekulation – was ihm freilich seine nachkantische Denkposition nicht schwer macht. So scheint er unter Philosophieren vornehmlich Kritik der Systemphilosophie verstanden zu haben und sein letztes Interesse dasjenige gewesen zu sein, sich der Unhaltbarkeit aller metaphysischen Beweise vom Dasein Gottes zu vergewissern. Mit Descartes' Versuch, die Wahrheitsgewißheit des Menschen über die Existenz Gottes (als des Garanten der Wahrheit) zu sichern, hat sich für ihn die Metaphysik erledigt und ist das Cartesische Ich mit sich allein geblieben: „Der Versuch ist etwas naiv ausgefallen, aber man sieht doch, wie instinctartig scharf schon Cartesius das Grab der Philosophie abmaß, sonderbar ist es freilich wie der den lieben Gott brauchte, um herauszukriechen."[227] Denn dieser Versuch Descartes', menschliches Wissenkönnen mittels der Existenz Gottes zu verbürgen, ist ja nichts als eine ins Erkenntnistheoretische verschobene Theodizeefrage, als welche Büchner sie denn auch gleich identifiziert. Denn ob Gott existiert, muß „bewiesen“ werden, daß es Irrtum gibt, aber nicht. Wie Büchner mit Descartes umgeht, ist bezeichnend: bei aller Bindung an seine Quelle oft ironisch-überlegen, mit den Argumenten der Philosophiegeschichte gewappnet, so daß er selbst keine umständlichen Argumentationen mehr entfalten muß. Büchner wäre ein ironischer Lehrer der Philosophiegeschichte geworden, da wären Figuren entstanden, die König Peter („der Mensch muß denken“) geglichen hätten. Büchner braucht nicht mehr zu argumentieren, weil er auf einem anderen Stand steht als die Denker der Theodizee: Wo diese die Perspektive Gottes, nämlich die der Totalität, einnehmen, wahrt er die Rechte des Individuums, mit aller an *Dantons Tod* gemahnenden Deutlichkeit in seiner Auseinandersetzung mit Spinozas Pantheismus und der diesem zugrundeliegenden Kosmosidee, die das Böse eskamotiert:

> So liegt schon über den ersten Rissen des Spinozismus eine unendliche Ruhe. Alle Glückseligkeit ist allein im Anschaun des Ewigen, Unveränderlichen; nicht vom Endlichen soll zum Unendlichen, nicht von den Dingen soll zu Gott fortgeschritten, sondern aus Gott heraus soll Alles erkannt werden.“[228]

Das sind Worte, die deutlich machen, daß Büchner im Atheismusgespräch des *Danton* auf seiten Paynes steht (ohne dessen Dogmatismus zu teilen); dessen Satz „es gibt keinen Gott“ (105/46) ist der einzige gesperrte des ganzen Dramas[229], und dessen Argumentation findet sich fast wörtlich in den philosophischen Manuskripten:

> Wenn man auf die Definition von Gott eingeht, so muß man auch das Daseyn Gottes zugeben. Was berechtigt uns aber, dieße Definition zu machen?
> Der Verstand?
> Er kennt das Unvollkommene.
> Das Gefühl?
> Es kennt den Schmerz.[230]

Bei allem Beharren auf der atheistischen Position schätzt Büchner Spinoza freilich mehr als Descartes, weil er in seinem Pantheismus sein Verständnis von Natur wiedererkennt, deren Vergöttlichung jedoch ihn zur protestierenden Reserve bewegt:

> Sie [die eine Substanz] ist für ihn die Weltursache, worin Alles ist; sie ist ewig und unendlich, aber sie ist nicht Gott, sie ist nicht das absolut vollkommene, moralische Wesen des Deismus, – sie ist nichts anders, als was jeder Atheist selbst, wenn er einigermaßen consequent verfahren will, anerkennen muß.[231]

Im Drama wird daraus diese willkürliche Überführung ins Absurde: „[...] daß es gerade nicht viel um die himmlische Majestät ist, wenn der liebe Herrgott in jedem von uns Zahnweh kriegen, den Tripper haben [...] kann" (106/47).

Descartes' Mensch war frei, auch wenn seine Freiheit mit der Vorsehung Gottes kollidierte, Descartes hatte den natürlichen Menschen zum ausgedehnten Ding erklärt und der mechanistischen Naturauffassung den Weg geebnet; Spinozas Mensch ist unfrei, da naturgesetzlich bestimmt, aber diese Natur ist gut, weil Gott selbst. Büchners Mensch ist an die Natur gebunden, und diese befindet sich jenseits von Gut und Böse („jeder tut, was ihm wohltut"). Schon Spinoza hatte die Natur vom Korsett des teleologischen Denkens befreit und in seiner esoterischen Lehre durchaus die immoralistische Perspektive der Naturphilosophie vorbereiten helfen, so daß Büchner in seiner Probevorlesung in der Konsequenz Spinozas argumentiert, wenn er die Teleologie verwirft.[232] Es liegt in der Natur der Sache und in der Konsequenz der Spinoza-Gleichung *Deus sive natura*, wenn dieser Gott einmal als lieber Gott, ein ander Mal als böser Gott erscheint: Die „unendliche Schönheit" der Natur, „die aus der einen Form in die andere tritt" (145), kann sich auch als ein Ungeheuer präsentieren, das Lenz „mit den Zähnen zermalmen" und „dem Schöpfer in's Gesicht speien" möchte (151). Übertrieben formuliert: die Guillotine, vor deren Mechanik Danton erstarrt, ist aus dem technizistischen Naturverständnis Descartes' geboren; der Mensch in seiner lebensvollen Totalität, mit seiner „Moralität oder Immoralität" (313), die Natur, in der auch Woyzecks „zweite Natur" aufgehoben ist, die dieser nur mit apokalyptischen Bildern bezeichnen kann, entstammen einem zu Ende gedachten Spinozismus; zu Ende gedacht auch deshalb, weil der Indifferentismus, der nach Heines Vorwurf aus dem Naturverständnis Spinozas wie aus dem Epikureismus folge, Goethes, des Naturkindes Haltung gewesen sein möchte, die Büchners jedoch nicht mehr.

Der Fels des Anstoßes, Büchners „Fatalismusbrief“, ist in diesem Zusammenhang kein erratischer Block, sondern gehört einem Massiv der Denkgeschichte an, das die Aporien des Freiheitsbegriffs umfaßt. Büchners Denken in dieser Frage zu periodisieren (erst der politische Aktivist, dann das Scheitern der Revolution, folglich der Fatalist) hat sich als zu schlicht erwiesen. Der Brief, oft falsch datiert, muß noch vor der Zeit von Büchners revolutionärer Maienblüte angesiedelt werden (nach dem 10. März 1834) oder gar früher:

> Ich studierte die Geschichte der Revolution. Ich fühlte mich wie zernichtet unter dem gräßlichen Fatalismus der Geschichte. Ich finde in der Menschennatur eine entsetzliche Gleichheit, in allen menschlichen Verhältnissen eine unabwendbare Gewalt, Allen und Keinem verliehen. Der Einzelne nur Schaum auf der Welle, die Größe ein bloßer Zufall, die Herrschaft des Genies ein Puppenspiel, ein lächerliches Ringen gegen ein ehernes Gesetz, es zu erkennen das Höchste, es zu beherrschen unmöglich. Es fällt mir nicht mehr ein, vor den Paradegäulen und Eckstehern der Geschichte mich zu bücken. Ich gewöhnte mein Auge an Blut. Aber ich bin kein Guillotinenmesser. Das *muß* ist eins von den Verdammungsworten, womit der Mensch getauft worden. Der Ausspruch: es muß ja Ärgernis kommen, aber wehe dem, durch den es kommt, – ist schauderhaft. Was ist das, was in uns lügt, mordet, stiehlt? Ich mag dem Gedanken nicht weiter nachgehen. (288)

So muß denn der Widerspruch ausgehalten werden, daß der „Fatalist“ Büchner die Revolution betreibt.[233] Im Stein des Sisyphos könnte man das Symbol seines Tuns und Schreibens finden.[234] Die metaphysische Revolte befreit nämlich und fesselt zugleich; ein heroisches Trotzdem wehrt sich dagegen, aus dem „Muß“ auf die Sinnlosigkeit alles Tuns zu schließen. Erfahrungen dieser Art lassen sich nicht – schon gar nicht bei einem jungen Menschen – ontologisch überhöhen.

So führt also Büchner die idealistische Naturphilosophie an ihr Ende und bewahrt sich selbst vor dem Abgrund des drohenden Nihilismus – mit Epikurs Hilfe. Mit Epikur teilt er[235] die ontologischen Grund-Sätze (aus nichts wird nichts, aus etwas kann nicht nichts werden), seine „Metaphysik“ und Lösung der Theodizeefrage (gegen die Erschaffung der Welt durch eine Gottheit steht die Unvollkommenheit der Welt), seine Psychologie (Lebensgenuß in

Ansehung des Todes), sein Naturverständnis (Naturwissenschaft vs. Götterfurcht und Unsterblichkeitsglauben), seine Moral (die „Tugend“ steht im Dienst der Glückseligkeit, Apatheia gilt als das höchste Gut) und seine Erkenntnistheorie (die Sinnlichkeit vermittelt Erkenntnisse): mit dem einen Unterschied, daß die Haltung der epikurschen Götter, der *dei otiosi*, nicht die Haltung Büchners ist; sie mag sein Ideal sein, wie er sie Danton als Ideal zulegt (Dantons „Nichts“ als Negation des Negativen), der Weltzustand läßt diese Indifferenz jedoch nicht zu: „wär' ich allmächtig, [...] ich könnte das Leiden nicht ertragen, ich würde retten, retten“ (156). Das Leiden ist auszurotten, bleibt aber unausrottbar. Der „Riß in der Schöpfung“, der durch „das leiseste Zucken des Schmerzes und rege es sich nur in einem Atom“ (107/48) entsteht, läßt sich nicht kitten. Indem Büchner diese *reductio ad absurdum* auf das leidende Atom Payne in den Mund legt, macht er sich nicht über diesen lustig[236], weil ein Atom nun einmal keinen Schmerz empfindet, sondern solidarisiert er sich radikal mit dem Leiden selbst in der kleinsten Einheit des Universums. Büchner (wie Marx, was zu oft übersehen wird) war zu klug, um hienieden ein Schlaraffia der Leidenslosigkeit anzustreben, aber auch vom Christentum zu weit entfernt, um dem Leiden einen soteriologischen Sinn verleihen zu können. Ihn deshalb gleich zum Gnostiker zu erklären,[237] der an die Erlösung des Demiurgen durch das Leiden seiner Geschöpfe glaubt, geht gleichwohl zu weit – soll doch der Epikureismus der Gnosis Trotz bieten. Dantons und der Dantonisten Frage: „Sind wir Kinder, die in glühenden Molochsarmen dieser Welt gebraten und mit Lichtstrahlen gekitzelt worden, damit die Götter sich über ihr Lachen freuen?“ (129/73) ist als Frage, die aus dem Affekt geboren wird, alles andere als Büchners eigenstes Wort. An St. Justs Schau der Weltgeschichte zeigt er, wohin dieser Gedanke der Erlösung durch Leiden führen kann, zur Expansion des Leidens nämlich. Auch die pietistische Nachahmung Christi, die das Mitleid um Christus und das Nach-Leiden einschließt („Leiden sei all mein Gewinst,/Leiden sei mein Gottesdienst“, 142), hat Büchner umgedeutet: Eine objektive Unterscheidbarkeit von Lust- und Unlustaffekten (auf der Spinoza bei der Bestimmung von Glückseligkeit so energisch bestanden hatte, wenn er die Tugend in den Dienst der Selbsterhaltung stellte) gilt nicht mehr, weil die metaphysische Sinngebung von Lust und Unlust nicht mehr gilt.[238] An den berühmten angeblichen letzten Worten („Wir haben der Schmerzen nicht zu viel, sondern zu wenig; denn durch die Schmerzen gehen wir zu Gott ein“) des im Delirium befindlichen Typhuskranken zu deuteln, verbietet die Pietät.

„Was ist das, was in uns lügt, mordet, stiehlt?“ – Mit Kants und Schillers Freiheitsbegriff großgeworden[239], hatte schon der Schüler Büchner an den Grundpfeilern christlicher und metaphysischer Moralbegründung gerüttelt, formal zwar im Sinne Kants argumentiert, aber verlangt, daß Taten (wie der Selbstmord) im Hinblick „auf die Motive(n) und die Umstände [...], welche eine Tat bewirkte“ (211), zu bewerten seien, folglich objektive moralische Normen schon hier (als Sechzehnjähriger) verabschiedet. Die Widerlegung des Wahrheitsanspruchs Descartes' dient dem gleichen Zweck, dem Dogmatismus in der Moral den Garaus zu machen. Und das ästhetische Interesse der Fragestellung ist ebenfalls unübersehbar: zu verhindern, daß der Dichter zum „Lehrer der Moral“ (306) geraten könnte. Die relativistischen Kernsprüche der Dantonisten sind deshalb in Büchners Sinne gesprochen, wie der, daß es nur Epikureer gibt, daß jeder tut, was ihm wohltut, daß das Gewissen ein Spiegel ist, vor dem ein Affe sich quält, und man sich schämen muß, dreißig Jahre lang mit der nämlichen Moralphysiognomie herumzulaufen, bloß um des Vergnügens willen, andere schlimmer zu finden als sich selbst. Vorbei mit dem Handeln „aus Pflicht“, vorbei mit der Aufspaltung des Menschen in rationale und irrationale Seelen-„teile“. Daß auch hinter Kants Pflichtbegriff der Selbstgenuß als Glückseligkeit verborgen liegt, diese Vermutung wird in Robespierre Gestalt[240], dessen Pflichtbegriff Danton auf die psychischen, physiologischen, pathologischen Triebkräfte zurückführt. Der asketische Priester, der die Askese betreibt, um auch diese zu genießen und so an die Macht zu kommen über die Epikureer, diese Genealogie von Moral liest Büchner aus seinen Quellen ab, vierzig Jahre vor Nietzsches Kritik des Christentums. Aber auch umgekehrt stellt Büchner Danton und die „Banditen der Revolution“ (305) so dar, daß sie wie Spitzbuben aus Schillers *Räubern* erscheinen: Diese gegenseitige Relativierung der Figuren folgt notwendig aus dem Perspektivismus, den die antithetische Konfiguration bestätigt.

Die zu beobachtende Aufhebung von objektiven Normen heißt freilich nicht „Aufhebung der Moral“[241] schlechthin. Da bleibt immerhin noch der Wahrheitsdrang trotz allem Wissen von den Grenzen des Wissens – Dantons permanente Selbstkritik zeigt die humanen Wirkungen einer undogmatischen Skepsis. Da bleibt die subjektive Moral, die unverhohlen affektischen Charakter hat und – wie oben ermittelt – auf die Namen von Liebe und Haß (nach Spinoza die beiden wichtigsten abgeleiteten Affekte) lautet: Für sie gibt es keinen philosophisch ableitbaren Grund als den des real existierenden Leidens. Das Mitleid („man muß die Menschheit lieben", 145) bleibt als Wurzel der Ethik auf dem Grunde: Ethik und Ästhetik kommen auf Eines hinaus. Wer, wie Spinoza zumindest offiziell, exoterisch, das Leiden leugnet, es auf eine *negatio* verkümmern und nicht als *privatio* gelten läßt, der leugnet auch das Mitleid als einen Affekt der Unlust. Wenn Büchner Spinoza Lügen straft, tut er das gleichzeitig den „Idealdichtern" an, die ihre Theodizee zu Markte tragen. Seine Dichtung rechtfertigt nicht das Leiden und leugnet es nicht, sondern läßt das Häßliche zu und demonstriert es. Mit der sich überschätzenden Metaphysik trifft Büchner zuletzt die Totalitätsphantasien einer Philosophie, die die Geschichte zur Rechtfertigung Gottes mißbrauchen will.

Alles in allem: Georg Büchners Philosophie ist nicht die Georges Dantons; sie ist auch die Thomas Paynes nur mit Einschränkungen, denn sie hat erkannt, daß das Mittel des Beweises metaphysischen Fragen inkompatibel ist; sie hat allerdings, aller Verwunderung zum Trotz, etwas gemein mit der Philosophie Chaumettes. Das Bedürfnis, das Büchners Philosophieren stimuliert, ist ein metaphysisches, aber ein negativ metaphysisches: Es hat die Tendenz, sich der Widerlegung traditioneller metaphysischer Grundannahmen zu versichern. Chaumette freilich ist als komische Figur gezeichnet, weil er sich die Nichtexistenz Gottes mit denselben Mitteln beweisen will wie die scholastische Theologie (und eben wie Descartes und Spinoza) die Existenz Gottes. Büchner dagegen geht es darum, der Vernunft die Anmaßung zu bestreiten, Gott beweisen zu wollen.[242]

Unterrichtshilfen

1
Didaktische Aspekte

So selbstverständlich heute Büchners *Danton* zum schulischen Kanon zählt, so arglos Richtlinien die Besprechung des Dramas ohne alle Legitimationsversuche in Reihen zum Vormärz oder zum Realismusproblem ansetzen – und das gar in der 11. Jahrgangsstufe –, so beliebt mittlerweile Büchner als Schulstoff beim Deutschlehrer ist, so wenig läßt sich zunächst diese Euphorie *didaktisch* nachvollziehen. Kaum ein Werk des „Kanons" wirft mehr Fragen auf, und kaum eine Diskussion über ein Werk (einen Schriftsteller) ist so kontrovers (und unschön) geführt worden, daß getrost gesagt werden kann, daß nichts von dem, was einmal gesagt wurde, an anderer Stelle nicht angegriffen, bestritten, widerlegt worden wäre. Ein Tummelplatz der Ideologien, eignet sich die Büchner-Exegese in bester Weise dafür, Schülern zu demonstrieren, daß ihre Vorurteile gegenüber einem angeblich subjektivistischen Deutschunterricht in übelster Form Realität sind. Wenn also die „Wissenschaft" nicht einmal so recht weiß, wie sie mit *Dantons Tod* umgehen soll, wie sollen dann vom Schüler durch Noten zu qualifizierende Interpretationsergebnisse erwartet werden können?

Dagegen ein „Trotzdem" zu setzen bleibt ein didaktisches Risiko, das einzugehen sich der nicht scheuen wird, der den unterrichtlichen Balanceakt gewohnt ist, auf eine Interpretationsrezeptologie zu verzichten, ohne die Auslegung der Beliebigkeit auszusetzen. Tatsächlich nämlich erübrigt sich jede Legitimation des Unterfangens trotz aller didaktischen Schwierigkeiten, weil insbesondere der Unterricht in der Sekundarstufe II immer auch antizipierenden und deshalb überfordernden Charakter haben muß. Ist Büchner die klassische Figur zwischen Klassik und Moderne, hat er seinen Platz im Unterricht nicht allein aus Gründen des Gewohnheitrechtes: In der theoretischen wie praktischen Einheit von Kunst, Philosophie, Wissenschaft, Politik hat Büchner ästhetische, anthropologische, gesellschaftliche, metaphysische Konzepte entwickelt oder vermittelt, die auch vom Schüler der Postmoderne noch als modern und als seine Sache erfahren werden. Die Ubiquität seiner Wirkung und Rezeption macht notwendig, daß neben den Folgen auch die Ursache ins Blickfeld des Schülers tritt, ohne daß das historische Bewußtsein ins Antiquarische abgleiten könnte.

Didaktische Chance wie didaktisches Risiko liegen darin, daß Büchners Werk undidaktisch angelegt ist. Weder Lehrtheater noch Ideendrama, sondern – um mit Büchners *Lenz* zu sprechen – „Möglichkeit des Daseins“ (144), versperrt es sich Interpretationsformeln, ohne deshalb gleich ein interpretationsfeindlicher Text zu sein. Die „Sprünge und Würfe“, die Herder gemäß die Poesie auszeichnen sollen, gehören zum Sturm-und-Drang-Charakter dieses Werks essentiell dazu. Der ruhelose Autor hat dafür gesorgt, daß sein Werk keine Ruhe läßt und – hoffentlich – keinen in Ruhe läßt. In der Regel disponieren Schüler dazu, sich vom Jugendlichen, Eruptiven und Fragmentarischen dieses Werkes unmittelbar ansprechen zu lassen – eine Erfahrung, die weitgehend autorunabhängig ist und mit Werken des jungen Schiller etwa auch gemacht werden kann. Der Widerspruch als Fundamentalkategorie des *Danton*, die bis in den Selbstwiderspruch reicht, trifft auf lebensgeschichtliche Prädisposition beim jugendlichen Leser; da das Drama überdies selbst eine Suche nach Identität zum Gegenstand hat (wenn auch einer im Angesicht des Todes und *post festum* gleichsam), lassen sich Schüler auch mit der ihnen fernliegenden „Sorge um den Tod“ bereitwillig konfrontieren, ohne ihr zu verfallen: Dantons Legitimationsversuche gelten ja dem Leben und werden nur provoziert durch den drohenden Tod. Wirkt die Demonstration von Leid- und Grenzerfahrung allein schon der Banalisierung entgegen, tut das die Frage nach der Rechtfertigung des (politischen) Handelns noch mehr.

Mag Büchner auch in seinem ersten Dramenwurf noch nicht die absolute Sprachökonomie des *Woyzeck* erreicht haben und in jugendlichem Überschwang allzu dynamisch vor Augen führen, was er in Karl Diltheys Rhetorik-Kursen gelernt hat, so gibt es doch Momente der sprachlichen Intimität, der sprachatmosphärischen Dichte und der Expressivität jenseits des idealistischen Pathos, die nicht nur stilbildend wirkten für ganze Epochen deutscher Sprachkunst, sondern auch dem Schüler von heute Dimensionen und Valenzen des Wortes vermitteln könnten, die sich seinem Jargon bislang entzogen.

Es gibt gute Gründe, *Dantons Tod* den anderen Dramen Büchners im Unterricht vorzuziehen: *Leonce und Lena* läßt sich in der Regel wegen seiner Zerbrechlichkeit allenfalls im Leistungskurs behandeln, setzt vor allem Kenntnisse im Umfeld klassisch-romantischer Literatur voraus, ohne die die Wirkungsabsicht nicht zu vermitteln wäre. *Woyzeck* ist kein Werk Büchners, sondern eins der Literaturkritik und womöglich ein einziges Mißverständnis: Was „letzter Hand“ daraus geworden wäre, weiß so leicht niemand zu sagen.

Weil es „zwischen Klassik und Moderne“ steht, ist Büchners Werk unterrichtstechnisch umfassend fungibel:

Als „unvollendet Lied“ hat es – makabrerweise – immer schon dazu dienen können, einen Autor mit seinem gesamten Œuvre im Rahmen seiner Biographie und seiner Zeit vorzustellen.

Verfährt der Unterricht nach einem literaturgeschichtlichen Verknüpfungsprinzip oder stellt Epochen unter anderen Gesichtspunkten vor (z. B. Realismusproblem), ergeben sich reizvolle Kontraste zu Heine (*Deutschland, ein Wintermärchen*) einerseits, zu Mörike (Gedichte, Epigonenproblem) oder Droste-Hülshoff (*Die Judenbuche*, aber auch zu Heine kontrastierende Gedichte wie „Die Stadt und der Dom“) andererseits. Das eine oder andere der Tagesliteratur des Jungen Deutschland wird man nicht übergehen können, um auch die literarpolitischen Zwänge zu verdeutlichen, denen die Publikationen des Juste Milieu ausgesetzt waren. Ein derartiger synchroner Schnitt macht den diachronen Parameter freilich zur Voraussetzung: Goethezeitliches müßte, um das Problem der Zeit in literarischer Hinsicht zu klären, vorausgehen.

Das weite Feld des deutschen Geschichtsdramas – einer deutschen Ideosynkrasie – könnte eine an Gattungen und Text„sorten“ orientierte Serie ebenso bearbeiten wie eine an historischen Zusammenhängen und an der Interdependenz von Geschichte und Kunst interessierte. Die oben nur skizzenhaft verfolgte Linie vom barocken Geschichtsdrama über das (schon nicht mehr) idealistische Drama könnte durch *Egmont* – immer wieder als Büchners Vorbild benannt –, *Don Carlos*, eines von Shakespeares Königsdramen nach hinten, durch Hebbels *Herodes und Mariamne* etwa oder Kleists *Hermanns Schlacht* resp. *Prinz von Homburg* nach vorne verstärkt werden. Daß Hauptmann (*Die Weber*) oder Brecht (*Baal*) am Ende dieser Linie stehen könnten, liegt auf der Hand; es sei denn, man konzentriere sich innerhalb der Spezies Geschichtsdrama ganz auf das Revolutionsdrama und könne die Entwicklung verfolgen, die von Goethes *Götz* und *Egmont* über Hauptmanns *Florian Geyer* hin zu Peter Weiß' *Verfolgung und Ermordung Jean Paul Marats* führt. Die Werke von Brecht, Toller, Friedrich Wolf (wie auch Dorsts *Toller*) lassen da viele Variationsmöglichkeiten zu.

Traditionelle Verknüpfungen ordnen nach Menschenbildern: Neben Schillers Helden bieten sich nicht nur *Faust* an oder *Iphigenie*, sondern hat vor allem auch *Emilia Galotti* den Vorzug, weil Büchner ausdrücklich auf diesen gescheiterten Versuch anspielt, römische Literatur im aktuellen politischen Leben nachzuspielen. Alle genannten Helden sind in eine Aktion verflochten, in der Familiäres oder Intimes mit herkömmlichen Haupt- und Staatsaktionen korrespondieren: Dem Dämon vertrauend gewinnt die eine, auf eine Gnade muß sich der andere verlassen, und die dritte hat sich so in ihre Römer-Imitation eingesponnen, daß ihr Nicht-Verstehen historischer Exempel und ihrer Bedingungen zu ihrem sinnlosen Tode gereichen.

Ergibt sich die Möglichkeit, in einem an den Vorgängen poetischer Produktion interessierten Kurs zu unterrichten, läßt sich Büchners Montagetechnik zum Prinzip der Koordination erheben: Ein gar nicht so fern liegendes Muster, Goethes *Clavigo*, könnte als Orientierung dienen: denn hier wird ein zeigenössischer Bericht über Beaumarchais selbst (*Die Hochzeit des Figaro*) und sein familiäres Schicksal, eine der literarischen Fernursachen der Französischen Revolution, in einem Drama des intellektuellen Aufsteigers verarbeitet, das dem Dantons entspricht. Der Bogen von Goethe über Büchner zu Thomas Mann oder Franz Kafka könnte das „Drama" der dichterischen Konzeption veranschaulichen.

3
Unterrichtssequenz

Die Sequenz versteht sich nicht als Rezept. Sie versucht lediglich, den oben praktizierten analytischen Zugang zum Drama für den didaktischen Alltag umzusetzen. Wegen der Komplexität des Dramas muß mit einem Umfang von ca. 20 Stunden (Lk) und mindestens 14 Stunden (Gk) gerechnet werden. Im Lk könnte auf die Stunden 3–5 der folgenden Sequenz verzichtet werden, im Gk auf die Stunden 3–5 und 15–17. Die Ergänzungsstunde ist für Kurse gedacht, in denen Kenntnise über die Französische Revolution nicht zu den Lernvoraussetzungen gehören. Ausweitungen sind leichter denkbar als Kürzungen, sind oft auch geboten. Insbesondere für den Unterricht im Lk läßt sich die im folgenden immer nur partiell und indirekt besprochene Ästhetik Büchners durch eine Analyse des Briefes vom 28.7.1835 oder des Kunstgesprächs im *Lenz* intensiver beleuchten. Der Formtypus könnte im Vergleich mit einem klassischen Drama und mit Hilfe von Klotz' Kategorien differenzierter beschrieben werden. Auch Dantons Philosophie wäre genauer zu betrachten, wenn man Büchners philosophisches Brouillon zu Epikur, aber auch zu Descartes und Spinoza zu Rate zöge. Da die Büchnerforschung vom Gezänk so vieler methodischen und ideologischen Schulen widerhallt, läßt sich an ihrem Beispiel geradezu ein Kompendium literaturwissenschaftlicher Glaubensbekenntnisse erstellen (vom christlichen übers existentialistische, phänomenologische, faschistische, marxistische, neomarxistische, positivistisch-biographistische, historistische, formalistische, ideologiekritische bis zum nihilistischen).

Verwendete Abkürzungen:

GA = Gruppenarbeit
GK = Grundkurs
HA = Hausaufgabe
KRef = Kurzreferat
LK = Leistungskurs
LV = Lehrervortrag
PA = Partnerarbeit
Ref = Referat
SV = Schülervortrag
TA = Tafelanschrieb
UG = Unterrichtsgespräch

1./2. Stunde

Gegenstand	Die erste Szene
Didaktische Aspekte	Einführung in die zentralen Gesichtspunkte der Besprechung am Beispiel: Epikureismus der Dantonisten, Verbalerotik, Trennung von privatem und öffentlichem Raum, Verdrängung der historischen Zeit, das Verhältnis von Theater und Politik, Konfiguration.
Unterrichts-verlauf	1. Lesen mit verteilten Rollen/szenische Lesung 2. Klärung der historischen Situation, der Reaktion Dantons auf diese, der Lebens- und Geisteshaltung Dantons 3. Kontrastierung von privatem und öffentlichem Danton (Mittelteil der Szene: die Programme der Dantonisten) 4. Auswertung des Kontrastes durch Titelreflexion
Methodische Hilfen/ Impulse	UG zum ersten Teil der Szene: Welche Erwartung richtet sich auf die erste Szene eines Revolutionsstückes, wie wird sie getäuscht? Welche Funktion haben die Kartenspielmetaphorik und das obszöne Sprechen (Klärung der Anspielungen)? Auswertung der Regieanweisung unter Bezug auf die szenische Lesung; Veranschaulichung des Figurenarrangements (TA), Rückschlüsse auf die Kommunikationssituation und Raumkonzeption, Ermittlung der politischen Informationen im Szenenmittelteil; LV mit Zusatzinformationen über die politische und persönliche Situation Dantons im März 1794; UG über die Programme der Dantonisten und Dantons provokativ-ironische Reaktionen

<table>
<tr><td></td><td>TA: optische Veranschaulichung der Szenenstruktur (Triptychon, Kreisstruktur):
<table>
<tr><td>1. laszive Gespräche im Bordell</td><td>2. Botenberichte über die politische Lage</td><td>3. Verzicht auf Aktion</td></tr>
<tr><td>Gegenwart</td><td>Zukunftsorientierung</td><td>Legitimation durch die Vergangenheit</td></tr>
<tr><td>Apolitie</td><td>staatstheoretische Entwürfe</td><td>Relativierung der politischen Moral</td></tr>
<tr><td>Ironie, Spiel</td><td>Ernst und Todesangst</td><td>Verdrängung</td></tr>
<tr><td>Innenraum</td><td>historischer Raum</td><td>Rückzug in die Innerlichkeit</td></tr>
</table>Resümee: Warum heißt das Stück Dantons Tod? Diskussion des Motivkomplexes von Spiel, Drama und Politik (auf der Werkebene)</td></tr>
<tr><td>Hausaufgaben</td><td>1. (bei entsprechenden historischen Vorkenntnissen über die Mentalität des Vormärz:) Wie hätte die Szene auf den Zuschauer von 1836 gewirkt, wäre das Drama damals uraufgeführt worden?
2. Entwurf eines Szenars/Regiekonzepts zur Szene, die die gewonnenen Ergebnisse berücksichtigen.</td></tr>
</table>

3.-5. Stunde

Gegenstand	Struktur des Dramas
Didaktische Aspekte	1. Übersicht über die komplexe Struktur des Dramas durch Reduktion auf einige Parameter (Personen, Ort, Zeit, Handlung, Reflexion, zentrale Motive) 2. Rekonstruktion des (oft nur angedeuteten) Nexus 3. Bewußtmachen der Interdependenz der zu beobachtenden Faktoren

Unterrichts-verlauf	1. Im Anschluß an die Besprechung der HA Demonstration eines Musters anhand der 1. Szene 2. Information über Vorgehensweise und Zweck der Fortführung des Schemas, Erläuterung der Trennung von Reflexions- und Handlungsstruktur 3. Erinnerung an methodische Regeln der GA 4. Konstitution von Gruppen (arbeitsteilig: pro Gruppe ein Akt)
Methodische Hilfen/ Impulse	Funktionen des Lehrers: Bereitstellung von Kommentaren (z. B. Hinderer [Nr. 47] und Jansen [Nr. 122]); heuristische Hilfe; Formulierungshilfe (zum Zweck der Verknappung und Prägnanz des Ausdrucks). Aufgaben der Gruppen: Erstellung einer Matrize mit Überblick über den jeweiligen Akt; selbständige Formulierung und Durchführung von HA; Vortrag zur Erläuterung/Rechtfertigung des Schemas vor dem Plenum; Beantwortung von Fragen der Mitschüler. Die Diagramme (oben S. 27, 35, 42, 49) können zum Vergleich beim Parameter „Handlungs- und Reflexionsstruktur“ hinzugezogen werden.
Hausaufgaben	Stichwortsammlung zu Dantons Verhalten in den ersten beiden Akten

Ergänzungsstunde (6./7. Stunde)

Gegenstand	Die Große Revolution
Didaktische Aspekte	1. Füllung der historischen „blinden Flecken“ des Dramas 2. Information über die wesentlichen Etappen der Ereignisgeschichte 3. Kurze Viten der Zentralfiguren 4. Wirtschaftliche, soziale, politische Strukturen, Gruppierungen, Einrichtungen
Unterrichts-verlauf	1. Schülerreferat 2. Transfer: Besprechung des Personenverzeichnisses, Zuordnung der Figuren zu den „Faktionen“; UG über die Programmatik der „Faktionen“ bei Büchner

Methodische Hilfen/ Impulse	1. Protokollieren durch alle Schüler Tafelskizzen oder Folien mit den von Jansen entwickelten Schemata[243] als Rezeptionshilfen 2. Welche programmatischen Differenzen bestehen zwischen Hébertisten, Robespierristen, Girondisten und Dantonisten (vgl. I, 1, 2, 6)? Wie lassen sich die Figuren des Stückes diesen Gruppierungen in einem Schema zuordnen? Warum wählt Büchner ausgerechnet die Phase der *terreur* und der scheiternden Revolution? Welche Bedeutung haben die Ereignisse nach dem 5. 4. 1794 für das Stück?
Hausaufgaben	Ausarbeitung des Protokolls; oder (nach einem Vorschlag Selges[244]) Vorbereitung eines Rollenspiels, für das jeder die politischen und sozialen Anschauungen einer Faktion erarbeitet, die er – entsprechend rhetorisiert – vor dem Kurs vertreten soll.

8./9. Stunde

Gegenstand	Danton – ein tragischer Held?
Didaktische Aspekte	Vertrautwerden mit Vorstellung und Begriff des tragischen Helden und verwandten Begriffen (tragische Schuld, Erhabenes, Idee etc.); Charakterisierung Dantons durch den Kontrast; Suche nach Gründen für Dantons Passivität und deren Folgen; erste Rückschlüsse (von der Freiheitsproblematik auf Büchners nichtidealistisches Kunstwollen)
Unterrichtsverlauf	1. Besprechung der HA der 5. Stunde (politische Passivität Dantons) 2. Vergleich des idealistischen tragischen Heldentypus mit Danton 3. Diskussion der Schuld Dantons anhand von II 4/5 4. Einführung des Fatalismusbegriffes auf der Basis des „Fatalismusbriefes“; Anwendung auf Danton und die Schuldproblematik 5. UG über Sympathielenkung Büchners

Methodische Hilfen/ Impulse	1. UG: Warum handelt Danton nicht? Welche Formen nimmt seine Inaktivität an? Welche Folgen ergeben sich daraus (für den Staat, für die Freunde)? 2. Vergleich etwa mit Wilperts Definition von „Tragik": „der unausweichliche, schicksalhafte Untergang e. Wertvollen im Zusammenstoß oder Widerstreit mit anderen erhabenen Werten oder übermächtigen Gewalten, die die beteiligte(n) Person(en) notwendig in Leid und Vernichtung führt, der sie sich, über sich selbst hinausragend, um des Erhabenen willen unter Ausschlagung der Kompromißmöglichkeiten opfern, während die Werte selbst als Ideen bestehen bleiben".[245] Ergebnissicherung durch kontrastierenden TA 3. Szenenanalyse mit den Schlüsselfragen: Warum flieht Danton nicht? Wie verhält er sich gegenüber seiner „Schuld", seiner Vergangenheit, seinem „Gedächtnis"? Hat er Gewissensskrupel? Wie legitimiert er sein Handeln? Welche Bedeutung kommt dabei seiner Frau zu? Welche Funktion haben diese Szenen im Drama, welche hätten sie im idealistischen Drama? PA: Vergleich mit Fatalismusbrief; Erarbeitung auch der Unterschiede in situativem Kontext und sprachlicher Form 4. freies UG, das auf den Kontrast zu Robespierre hinleiten soll, könnte deshalb durch seinen Vergleich der korrespondierenden Fensterschauen (vgl. 87 f., 98 f./26, 38 f.) gelenkt werden
Hausaufgaben	Gliederung des Streitgesprächs I, 6 (1. Teil) nach behandelten Gesprächsthemen

10./11. Stunde

Gegenstand	Die Konfiguration Danton-Robespierre
Didaktische Aspekte	1. Die Komplexität der Einstellungen, Wertungen, Haltungen von Protagonist und Antagonist decodieren, 2. die Korrespondenz zwischen ihnen erkennen und beschreiben,

<table>
<tr><td></td><td>3. diese Antithetik beispielhaft am Streitgespräch (I, 6) veranschaulichen,
4. den Perspektivismus in der Figurengestaltung als dramaturgisches Prinzip Büchners verstehen.</td></tr>
<tr><td>Unterrichts-verlauf</td><td>1. Im Anschluß an die HA Analyse der Positionen der Gegner
2. Systematisierung und Rubrizierung der Ergebnisse (Politik, Ethik, Naturbegriff, Anthropologie, Metaphysik, Wahrheitsfrage, Verhältnis zur Zeit, Sprache)
3. Transfer als paradigmatische Sprachanalyse (Pathos vs. Epigramm; Ironie vs. Setzung; Zweifel vs. Dogmatismus)
4. Wiederaufnahme der Debatte über Sympathielenkung, Veranschaulichung</td></tr>
<tr><td>Methodische Hilfen/ Impulse</td><td>1./2. TA nach dem Muster:
<table>
<tr><th></th><th>Danton</th><th>Robespierre</th></tr>
<tr><td>Politik</td><td>Ende der terreur
indiv. Freiheit</td><td>soziale Revolution
Schrecken</td></tr>
<tr><td>Ethik</td><td>...</td><td>...</td></tr>
<tr><td>Naturbegriff</td><td>...</td><td>...</td></tr>
</table>
3. Auswahl charakteristischer Repliken (z. B. 1. Replik Robespierres und 2. Replik Dantons)
4. Schwarz-Weiß-Zeichnung soll vermieden werden, indem beide Figuren als gemischte Charaktere betrachtet werden, die sich und ihren Anspruch gegenseitig relativieren.</td></tr>
<tr><td>Hausaufgaben</td><td>Welche Intentionsverschiebungen ergäben sich, wenn Robespierre nicht am Ende des 2. Aktes abtreten, sondern im 4. Akt noch einmal auftreten und Einfluß auf die Hinrichtung Dantons nehmen würde?</td></tr>
</table>

12.–14. Stunde

<table>
<tr><td>Gegenstand</td><td>Die Rhetorik der Revolution
a. Robespierres Rede vor dem Club (I, 3)
b. Dantons Verteidigungsrede (III, 4)
c. St. Justs Rede vor dem Nationalkonvent (II, 7)</td></tr>
</table>

Didaktische Aspekte	Klassische Redeformulare, rhetorische Strategien, typischen Ornatus kennenlernen; für Demagogie und ihre Wirkungsformen sensibilisieren; Inkongruenz von Form und Inhalt als Methode persuasiven Redens durchschauen; Büchners Technik der Geschichtsaneignung und Umgang mit den Quellen beispielhaft kennenlernen; Büchners Parodie klassischer rhetorischer Formulare oder seine indirekte Bewertung und Entlarvung analysieren und beurteilen.
Unterrichts-verlauf	*a. Robespierres Rede vor dem Club* 1. Einführung des Kommunikationsmodells, des Begriffs der Situation und des Kontextes 2. Transfer: Klärung der Situation (Gegensatz Lyoneser – Legendre, Robespierres Zweifronten-krieg zwischen den Ultras und den Moderaten) und des Redeziels. 3. UG: Besprechung des Argumentationsverlaufes 4. UG: Beurteilung (inhaltlich und stilistisch)
Methodische Hilfen/ Impulse	1. Schemata und Erläuterungen bei Maximilian Scherner, *Theorie und Technik des Textverstehens*[246]. 2. TA: Eintrag der Ergebnisse ins Schema 4. Vergleich eines Satzes mit der Quelle: Büchners Radikalisierung der Rede und der Gestalt Intensivierung der Stilkritik durch Wortschatz-untersuchung (Wie wird der Gegner gekenn-zeichnet? Wie spricht der Redner von sich selbst?) und Syntaxanalyse (Axiomatik der „ist"-Aussagen, Parataxen) an ausgewählten signifikanten Formulierungen
Unterrichts-verlauf	*b. Dantons Verteidigungsrede* 1. UG über die Situation Dantons und seine zu er-wartende Absicht und Strategie (Hinweis auf Dantons Beruf als Jurist) LV über das klassische Formular der Gerichtsrede 2. Vortragen der Rede und vorläufige Äußerungen zu ihrer (ambivalenten) Wirkung 3. Vergleich zwischen Formular und Durch-führung, Erarbeitung der parodistischen Struktur

	4. Problematisierung des Widerspruchs zwischen affektivem Selbstlob und tatsächlichem Verzicht auf Verteidigung; des Widerspruchs auch zwischen Dantons Sprachkritik und der hier stattfindenden Pathetisierung 5. U. U. Vergleich mit einem Ausschnitt aus einer Quelle
Methodische Hilfen/ Impulse	1. UG: Entwurf einer Argumentationsskizze, die dem Verteidigungsziel entsprechen würde. 2. U. U. Hinweise auf die tatsächliche Wirkung der Rede („Die Bewegung der Gemüter soll unbeschreiblich sein." (114/56)) 3. PA mit abschließendem vergleichendem TA 5. Abgedruckt S. 344 ff.; analysiert bei Behrmann/Wohlleben[247]
Unterrichts-verlauf	*c. St. Justs Rede vor dem Nationalkonvent* 1. UG: Sammeln erster Eindrücke 2. Information über die Tendenz der historischen Rede St. Justs (die geschichtsbewegende Macht des einzelnen) – Erarbeitung der Tendenzverschiebung 3. Analyse der Demonstrationsmethode (Syllogismus) 4. Beurteilung von Beweisziel und Beweismethode (Parallelismus von Natur und Geschichte, Teleologie), Begründung des Urteils auch durch sprachliche Indizien (Euphemismen, Nominalstil, Mißbrauch der *exempla*); Vergleich mit der Primärrezeption, deren Revision und Rückschluß auf die Raffinesse der rhetorischen Taktik
Methodische Hilfen/ Impulse	1. TA: stichwortartiges Fixieren der Vorschläge (in der Regel wird die Demagogie nicht sofort duchschaut) 3. LV über den Syllogismus; Beispiel: Alle Menschen sind sterblich. Sokrates ist ein Mensch. Sokrates ist sterblich. Transfer auf St. Justs Syllogismus; vergleichender TA 4. LV oder KRef über Medea, Exodus, Brutus; UG über den Effekt der Veränderungen

Hausaufgaben	Wie äußern sich die verschiedenen Dramenfiguren über das Volk (Stichwortsammlung?)

15. Stunde

Gegenstand	Das Volk
Didaktische Aspekte	Das Volk als Opfer des revolutionären Prozesses; Differenzierung des Begriffes Volk (Ansätze zur Individualisierung); Information über Büchners revolutionäre Aktivitäten; Unterscheidung zwischen Personenebene und Werkebene; Büchners Perspektivismus und Ideologiekritik
Unterrichtsverlauf	1. Sammeln der Urteile der Dramenfiguren über das Volk (HA) 2. Überprüfung dieser Urteile am tatsächlichen Verhalten des Volkes: Analyse von III, 9/10 („Chiasmus" der Szenenschlüsse, Entwicklung des Meinungsumschlages, Manipulation) 3. Problematisierung: Büchner – ein Volksverächter? 4. Erklärung für das Verhalten des Volkes (z. B. IV, 7)
Methodische Hilfen/ Impulse	2. Wie kommt es zur alten und neuen Urteilsbildung? Welche Funktion haben dabei der erste und der zweite Bürger? Kann von einem revolutionären Diskussions- und Entscheidungsprozeß die Rede sein? 3. Ref zur Biographie Büchners oder Besprechung ausgewählter Passagen aus dem *Hessischen Landboten* und des Briefes vom Februar 1834 (285 f.) Suche nach Vergleichbarkeiten zwischen Hessen 1834 und Paris 1794 4. UG und TA in Erörterungsform (pro- und contra-Argumente) mit der Schlüsselfrage: Ist das Volk das Subjekt der Revolution oder deren Opfer?
Hausaufgaben	Klärung des Begriffs „Theodizee"

Gegenstand	Das Philosophengespräch (III, 1) und seine Funktion
Didaktische Aspekte	Kenntnis mindestens eines traditionellen Gottesbeweises und seiner Aufgabe; Einsicht in Büchners parodistischen Umgang mit der metaphysischen Tradition, metaphysische Revolte im Angesicht des Todes
Unterrichtsverlauf	1. UG über den Kausalitätsbeweis des Thomas von Aquino und Kritik des Beweises 2. Transfer auf Paynes Anti-Gottesbeweis und Kritik desselben 3. Büchners Kritik am Gottesbeweis: das Problem des Leidens und der Theodizee 4. Schlußfolgerungen und Erklärung des Stellenwertes des Gesprächs im Drama
Methodische Hilfen/ Impulse	1. Text des Beweises: „Wir finden nämlich in jenen sinnlich wahrnehmbaren Dingen eine Ordnung von Wirkursachen. Es läßt sich jedoch nicht finden und ist nicht möglich, daß etwas die Wirkursache seiner selbst sei, weil es ja dann früher als es selbst wäre, was unmöglich ist. Es ist aber nicht möglich, bei den Wirkursachen *in infinitum* fortzuschreiten, denn bei jeder Reihe von Wirkursachen ist das Erste die Ursache des Mittleren, das Mittlere die Ursache des Letzten, seien die Mittleren viele oder eins. Mit der Ursache fällt aber auch die Wirkung. Wenn es also kein Erstes bei den Wirkursachen gäbe, gäbe es auch nichts Letztes noch Mittleres. Aber wenn man mit den Wirkursachen *in infinitum* fortschritte, gäbe es keine erste Wirkursache und demgemäß weder eine letzte Wirkung noch mittlere Wirkursachen, was offensichtlich falsch ist. Also ist es notwendig, eine erste Wirkursache (*prima causa efficiens*) zu setzen, die alle Gott nennen."[248] Rückgriff auf die Form des Syllogismus in St. Justs Rede

	Mögliche Gesichtspunkte der Kritik: Anthropomorphisierung Gottes; Übergang aus dem Nichtkausalen ins Kausale, der Nichtzeit in die Zeit, aus dem Absoluten ins Relative nicht geklärt; Abhängigkeit von der Definition des Begriffs „Gott“; christliche Gottesvorstellung (Schöpfer) als ungeprüfte Prämisse 2. PA oder GA: analoge syllogistische Formulierung; Schlußfolgerungen auf die Nichtbeweisbarkeit der Existenz wie der Nichtexistenz Gottes bzw. die Nichtanwendbarkeit des Beweisformulars 3. UG über die Theodizeefrage und die Antwort Paynes; Rückschluß auf Büchners Metaphysikkritik in seinen Notizen 4. Welche *historische* Bedeutung hat das Gespräch (Kult der Vernunft in Notre Dame, Chaumette als Initiator)? Welche *psychologische* (Tod als Musaget der Philosophie)? Welche *philosophische* (vergebliche Sinngebung des Todes und der Geschichte/der Revolution)? Welche *dramentechnische* (Synchronszene zur Verhaftung und Überführung Dantons in den Kerker; Ouvertüre zur Auseinandersetzung mit dem Tod)? Welche ästhetische (Unterwanderung des teleologischen Prinzips, Ästhetik des Häßlichen)?
Hausaufgaben	Analyse der Replik Philippeaus und der Reaktionen der Dantonisten unter besonderer Berücksichtigung der Situation

18./19. Stunde

Gegenstand	Die Frauengestalten
Didaktische Aspekte	Verschiedene Formen und Funktionen des Eros; Gehalt-Gestalt-Kongruenz in Marions Erzählung; die Bedeutung des Liebestodes; Reflexion des Begriffs „Nihilismus“ und der Möglichkeit seiner Anwendung auf das Drama.
Unterrichtsverlauf	1. Diskussion der Nihilismus-These und deren Relativierung 2. Analyse der Marion-Erzählung und ihrer Kontrastfunktion

	3. Beschreibung der Frauenfiguren und ihrer Funktion 4. Besprechung der Schlußszene
Methodische Hilfen/ Impulse	1. Im Anschluß an die HA („Das Nichts ist der zu gebärende Weltgott") Bezug auf Mühlher [Nr. 77] o. a. Definition von „Nihilismus" (Nietzsche: „Die obersten Werte entwerten sich. Es fehlt das Ziel. Es fehlt die Antwort auf die Frage ‚warum?'") Erörterung mit antithetischem TA (neben dem bloßen Stellenwert des Wortes, seiner affektiven Aufladung, der fehlenden Kausallogik, der sprachlichen Paradoxie, der Nichtdarstellbarkeit von Nihilismus u. a. sollten der Eros und die Freundschaft als den Nihilismus transzendierende Werte genannt werden: Verweis auf das Ende der Szene IV, 5). 2. UG: Deutung aus der Bildlichkeit und Syntax; Betonung des Bruchs im panerotischen Welterleben 3. Weglaßprobe: Die Frauen haben keinen Einfluß auf die Handlung – was würde dem Stück verlorengehen, wenn sie fehlten? 4. Klaus Michael Grüber hat das Ende des Dramas (laut FAZ vom 23.9.1989) in Paris so inszeniert: „In Büchners letzter Szene spielt Lucile die indische Witwe. Sie folgt Camille aufs Schafott. In Klaus Michael Grübers letzter Szene, seiner schönsten, singt die Schauspielerin Cécilia Hornus in gebrochenem Deutsch das Volkslied vom ‚Schnitter Tod'. Ihr letztes Wort ist: ‚hüt' dich, fein's Blümelein!' Die Geschichte der Revolution ist zu Ende." Welchen Irrtümern sind Regisseur und Rezensent verfallen? Was unterscheidet Lucile von einer „indischen Witwe"? Warum endet das Drama Büchners gegen die historischen Fakten mit einem „Vive le roi!" und der Verhaftung Luciles?

4
Klausurvorschläge

1. Analysieren Sie Robespierres Rede vor dem Nationalkonvent (II,7), indem Sie
   a. Redeanlaß, Redesituation und Redeziel klären,
   b. Argumente, Argumentationsweise und typische Stilmittel beschreiben,
   c. die Rede in Büchners Bild von Robespierre einordnen.

(Gk)

2. Szenenanalyse I, 5:
   „Marion und – in anderer Art – die Marie des ‚Woyzeck' sind einer dumpfen Sinnlichkeit verhaftet, sind [...] triebhafte, triebbestimmte, triebunterworfene Wesen. [...] Marie und Marion sind gezeichnet als Menschenwesen, die etwas Elementares, Fremdes, Unkontrollierbares in ihrem eigenen heißen Blut treibt – etwas, dem die Bezeichnung ‚Liebe' nicht mehr zukommen kann [...]."[249] —
   Überprüfen Sie diese These von Wolfgang Martens durch eine inhaltliche und stilistische Analyse der Selbstdarstellung Marions in I, 5.
   (GK; Additum für *Lk*:)
   Vergleichen Sie Marion mit einer anderen Ihnen bekannten Frauengestalt [je nach Unterrichtsreihe u. U. durch präzise Vorgabe eines Namens zu konkretisieren] aus der deutschen Literatur des 18. und 19. Jahrhunderts.
3. Szenenanalyse: IV, 7
   a. Analysieren Sie die Szene, indem Sie besonders die Haltung der Figuren gegenüber dem Sterben berücksichtigen.
   b. Begründen Sie, warum Büchner sein Drama nicht wirkungsvoll mit der Enthauptung Dantons abgeschlossen hat.

(Lk)

4. Dialoganalyse
   „Geht einmal Euren Phrasen nach, bis zu dem Punkt wo sie verkörpert werden." (110/51)
   Überprüfen Sie die Gültigkeit dieses Wortes Merciers durch eine Analyse des Dialogs in IV, 5.

(Lk)

5. Texterörterung

   Danton macht mit Christus dasselbe wie mit Robespierre: er ärgert ihn. Leiden, Gekreuzigtwerden ein Genuß! Die blasphemische Paradoxie erreicht ein Äußerstes – und wird abermals widerlegt mit dramatischer Ironie. Als Danton das Gefängnis betritt, sagt er zu denen, die sein Tribunal hineinlieferte, mit Christus-Attitüde: „Ich bin jetzt bei

Ihnen, der Himmel weiß wie das enden soll" (52). Vor der Hinrichtung ruft Camille: „Ihr werdet noch schreien: ‚Ihr Berge fallet auf uns!' " Ein Zitat aus Lukas. Dort heißt es auch: „Vater vergib ihnen; denn sie wissen nicht, was sie tun!" Daran anklingend sagen Philippeau: „Ich vergebe euch", und Lacroix: „Ihr tötet uns an dem Tage, wo ihr den Verstand verloren habt." Die Zuschauer spotten gelangweilt: „Das war schon einmal da" (73). Doch sie ahnen nicht, wie sehr sie recht haben. Auch die Dantonisten wissen es nicht. Sie, die erklärten Epikureer, leiden und sterben nach dem Muster des verlästerten Schmerzensmannes. Statt wie sonst zu guillotinieren, werden sie diesmal selbst guillotiniert. Statt zu kreuzigen, werden sie selbst gekreuzigt. „Wahrlich", grübelt ihr Henker Robespierre, „des Menschensohn wird in uns Allen gekreuzigt, wir ringen Alle im Gethsemanegarten im blutigen Schweiß" (31).

Sind wir Brüder des Gekreuzigten, Kinder Gottes? Dann würden wir verstoßene, verlorene Söhne, höhnt Payne (48). Die Dantonisten fragen, ob wir denn Kinder seien, die von den Göttern gebraten werden. Wenn wir getötet werden, dann sind wir „so schmutzig und blutig" (11), „so hülflos und nackt, wie neugeborne Kinder" (66); „wir Kinder" schreien die „garstigen Sünden" des „September" aus Danton. Und Danton selber schreit dabei wie das Kind „in der Nähe" (40). Die Menschen folgen dem Gekreuzigten nach, ohne es zu wissen; und sie blieben weit hinter ihm zurück. „Was sehen wir nur immer nach dem Einen?" fragt Robespierre in resignierter Auflehnung. Und „es erlöst keiner den andern mit seinen Wunden". Lena wird fragen, ob „wir uns selbst erlösen müssen mit unserm Schmerz" (118). Das kommt schon der Wahrheit näher, die in *Lenz* und *Woyzeck* das religiöse Lied so ausdrückt:

„Leiden sei all mein Gewinst,
Leiden sei mein Gottesdienst." (84, 181)

„Laß in mir die heil'gen Schmerzen,
Tiefe Bronnen ganz aufbrechen;" (84)

„Herr wie dein Leib war rot und wund,
So laß mein Herz sein aller Stund." (181)

„... denn durch den Schmerz gehen wir zu Gott ein." Die Forderung, das Leiden anzunehmen, steht auch über dem *Danton*. Der Titelheld ist halb bereit, sich ihr zu fügen. Gegen Ende kämpft er nochmals um sein Leben, versucht er nochmals aus Notwehr zu töten. Von einer religiösen Sinngebung des Leidens ahnt er nichts.
(Wolfgang Wittkowski, „Georg Büchners Ärgernis")[250]

a. Benennen Sie die Interpretationsthesen Wittkowskis.
b Überlegen Sie, welches erkenntnisleitende Interesse der Verfasser gehabt haben könnte.
c. Setzen Sie sich kritisch und begründend damit auseinander.

(Lk)

6. Vergleich von III, 4 mit einem Quellentext (*Unsere Zeit*, abgedruckt in der hier zitierten Münchner Ausgabe S. 495 ff.)
   a. Vergleichen Sie den Erzählerbericht aus *Unsere Zeit* mit Büchners szenischer Vergegenwärtigung.
   b. Überlegen Sie angesichts Ihrer Ergebnisse, ob Büchners Beteuerung gegenüber den Eltern, der Dichter solle „der Geschichte, wie sie sich wirklich begeben, so nahe als möglich" kommen (305), seinem Umgang mit der Geschichte entspricht.

(Gk)

Anhang

Anmerkungen

1 Vgl. *16*, 17, 38 f.; *44*, 40.
2 Vgl. *81*, 37 ff.
3 Vgl. *56a*, 126 f.
4 Vgl. zuerst *97*; dann u. a. *38*.
5 Vgl. *24*, 147.
6 Vgl. *47*, 90, 106, aber auch schon Erich Kästner: *55*, 52.
7 Vgl. *62*, 54.
8 Vgl. *104*, 107.
9 Vgl. *38*, 103.
10 Vgl. *47*, 90.
11 Vgl. *40*, 53.
12 Vgl. *28*.
13 Vgl. *34*, 34.
14 Vgl. *62*, 63 ff.
15 Vgl. zum folgenden *62*, 29-37.
16 *62*, 32.
17 Abschluß einer Periode in einem bestimmten Rhythmus.
18 Eine spätere Interpolation Büchners in sein Manuskript, vgl. *71*, 390 f.
19 Vgl. *25*; *39*; *3*, 91 ff.
20 Vgl. *124*, 61.
21 Vgl. zum Problemkontext Horst Steinmetz, *Literatur und Geschichte*, München 1988.
22 Zum folgenden vgl. *79*, 21 ff.
23 Brief an den Prinzen von Augustenburg vom 13.7.1793, vgl. *79*, 36.
24 *19*, 33.
25 Vgl. *79*, 35.
26 Vgl. Steinmetz (wie Anm. 21), 16.
27 Szenenüberblicke auch in *22*; *124*.
28 Gotthold Ephraim Lessing, *Gesammelte Werke*, hg. v. Paul Rilla, Berlin 1954, Bd. II, 317.
29 Vgl. *32*.
30 Vgl. *38*, 146 f.
31 Vgl. *22*, 90.
32 Vgl. *18*, 18.
33 Vgl. *86*, 43.
34 Vgl. *18*, 21.
35 So *68*, 375.
36 Vgl. Helmut Rabe bei *22*, 92.
37 *22*, 97.
38 Vgl. *96*, 74, 80 f.
39 Vgl. *121*, 91 ff.
40 Vgl. *22*, 99 ff.
41 Vgl. *99*.

[42] *62*, 30.
[43] Vgl. *38*, 156.
[44] *3*, 82.
[45] *22*, 109.
[46] *109*, 258.
[47] Vgl. *93*, 51 ff.
[48] Vgl. *44*, 108.
[49] *67*, 452.
[50] Friedrich Dürrenmatt, *Werkausgabe in dreißig Bänden*, Zürich 1980, Bd. XXIV, 60.
[51] Vgl. *2*, Bd. II, 237, 304, 313, 316, 323.
[52] Vgl. *22*, 125.
[53] Nur für *110*, 36 ff. ist Dumas noch zu retten: als echter Römer und Anhänger des Jakobinismus; vgl. dagegen *50*, 113; *94*, 64.
[54] *3*, 75.
[55] Vgl. *18*, 87.
[56] Vgl. *22*, 126.
[57] Vgl. *24*, 138; *63*, 33.
[58] Gegen *110*, 36 ff.
[59] Vgl. *18*, 72.
[60] Vgl. *73*, 299 f.
[61] Vgl. *70*, 69.
[62] Friedrich Nietzsche, *Werke in drei Bänden*, hg. v. Karl Schlechta, München [7]1973, Bd. II, 201.
[63] *50*, 107.
[64] Ein *locus classicus*, den Büchner bei Wieland, Schiller, Tieck, Heine, Young gelesen haben könnte.
[65] Vgl. *38*, 152.
[66] Vgl. *93*, 70.
[67] Vgl. *63*, 33.
[68] Vgl. *50*.
[69] Vgl. z. B. *18*, 80.
[70] Vgl. *18*, *pass.*
[71] Vgl. *93*, 38 f., 40; *110*, 143.
[72] Vgl. Walter Jens, Schwermut und Revolte. Georg Büchner, in: W. J., *Von deutscher Rede*, München 1969, (80-103), 99.
[73] Wie schon bei *93*, 12 beobachtet wurde; vgl. auch *46*, 207.
[74] Vgl. *93*, 28.
[75] So schon Gutzkow, der erste Rezensent; bei: *41*, 182; dann *69*, 210.
[76] Vgl. *93*, 28.
[77] So *49*, 78; *50*, 116 f.
[78] Untersucht bei *22*, 75-81; *110*, 211 ff.
[79] Vgl. *117*, 219 f.
[80] Musikalische Begriffe verwenden auch: *93*, 14; *75*, 489.
[81] Vgl. *93*, 43 ff.
[82] Vgl. *56a*, 104 f.; *50*, 116 f.
[83] Vgl. *56a*, 101.

[84] Vgl. *50*, 118; *34*, 106.
[85] Vgl. *93*, 38 ff.
[86] Vgl. *95*, 540.
[87] Zum folgenden grundsätzlich *38* und *86*.
[88] Vgl. *3*, 101.
[89] Vgl. *16*, 17 f.; *63*, 34.
[90] *68*, 375.
[91] Vgl. *120*, 299.
[92] Vgl. *69*, 211 f., bes. 213.
[93] Vgl. *69*, 215 f.
[94] Vgl. *24*; 130.
[95] Vgl. *25*; *39; 101*, 210.
[96] Vgl. *61*.
[97] Vgl. *60*, 55, A. 21
[98] Vgl. *60*, 32.
[99] Vgl. 16, 35; *22*, 177.
[100] Vgl. *47*, 124; *68*, 375.
[101] So *47*.
[102] Was durch *Unsere Zeit* bestätigt wird: „Das sind alle Brüder Cain. Brissot hätte mich wie Robespierre guillotinieren lassen." (zit. n. *73*, 295)
[103] 2, Bd. II, 404, vgl. *106*, 87 f.
[104] Vgl. 2, Bd. II, 237.
[105] Vgl. 2, Bd. II, 405.
[106] Vgl. *3*, 69.
[107] Vgl. *62*, 24.
[108] Schon bei *63*, 34.
[109] Vgl. *79*, 79; *102*, 56.
[110] Vgl. *22*, 96.
[111] Vgl. *22*, 149 f.
[112] Vgl. *22*, 148.
[113] Vgl. *64*, 208.
[114] So Goya (vgl. *95*, 543).
[115] Vgl. *76*.
[116] Vgl. *22*, 147 f. und viele andere.
[117] Vgl. *64*.
[117] Vgl. Rodney Taylor, „History and Transcendence of Subjectivity in Büchner's Robespierre", in: *Neophilologus* 72, 1988, 82-96.
[119] Vgl. *76*, 138.
[120] Eine Formulierung Heines, vgl. *30*, 375.
[121] Vgl. *67*, 411.
[122] Vgl. *80*.
[123] So *54*, 153.
[124] Vgl. Anm. 118.
[125] Zum Problemfeld vgl. bes.: *36; 66; 55*, 191 ff.; *54*, 212 ff.; *70*, 110 ff.
[126] Vgl. *26*, 295.
[127] So *66*, 208.
[128] *54*, 215.

[129] Vgl. *33*, 419 f.
[130] Vgl. *117*, 212.
[131] Vgl. *117*, 212 f.
[132] Vgl. *54*, 217.
[133] Vgl. *30*, bes. 348 ff.
[134] Vgl. *62*, 129; *26*, 295.
[135] Vgl. *71*, 364 f.
[136] Vgl. *89*, 246.
[137] Vgl. *89*, 248, 250.
[138] Vgl. *84*, 145 f.; *62*, 129.
[139] Vgl. *89*, 246 f.
[140] Vgl. *69*, 219 f.; *79*, 86 ff.
[141] Vgl. *78*.
[142] Vgl. *62*, 40-44; *84*, 159; *79*, 84 ff.
[143] Vgl. *78*, 118; *62*, 41 ff.
[144] Vgl. zuerst *99*, 652, bestritten von *110*, 189 ff.
[145] Vgl. *30*, 373. St. Just ist es wohl eher um die Assoziation „Meer von Blut" zu tun: vgl. *70*, 218.
[146] Vgl. *22*, 107.
[147] Vgl. *92*.
[148] Vgl. *84*, 159.
[149] Vgl. *62*, 41.
[150] Wie es in *89* geschieht.
[151] So *70*, 121.
[152] Vgl. *3*, 37.
[153] Vgl. *22*, 52 f.
[154] Vgl. Heinrich Lausberg, *Elemente der literarischen Rhetorik*, München [3]1967, 25.
[155] Vgl. *60*, 34 f.; *62*, 32 ff.
[156] Vgl. *62*, 14 ff.
[157] *62*, 21.
[158] Vgl. *62*, 121 ff.
[159] Vgl. *109*, 143.
[160] Lipmann, zit. bei *62*, 116.
[161] *104*, 147; vgl. *62*, 143.
[162] Vgl. *22*, 155.
[163] Vgl. *62*, 110 f.
[164] Vgl. *52*, 242.
[165] Friedrich Schiller, *Die Räuber*, III, 1.
[166] Von „Opernrhetorik" spricht *91*, 181.
[167] Vgl. *62*, 120.
[168] Vgl. *62*, 129.
[169] Vgl. *103; 38; 86*.
[170] Vgl. *104*, 122.
[171] Vgl. *62*, 45 ff.
[172] Vgl. *24*, 50 f.
[173] *62*, 45.

[174] „Enttäuschten Pantheismus“ nennt ihn Walter Weiss (*109*).
[175] Vgl. *68*, 375.
[176] So auch *33*, 422 gegen *47*, 98.
[177] Vgl. *34*, 8; zu *Egmont: 38*, 154 f.
[178] Vgl. *110*, 71 ff.
[179] Vgl. *56a*, 127.
[180] Vgl. *56a*, 134 f., *18*, 30, 209; *23*.
[181] *68*, 385.
[182] Vgl. *34*, 91 ff.
[183] Friedrich Schlegel, *Lucinde*, Stuttgart 1963, 107.
[184] Vgl. *34*, 89.
[185] Vgl. die Korrektur bisheriger Ansichten bei *110*, 211-219.
[186] Vgl. *44*, 90 ff.
[187] Vgl. *49*, 85; *62*, 54 ff., *44*, 93 f.
[188] *Unsere Zeit*, Bd. XII, 111.
[189] *62*, *54*.
[190] Vgl. *18*, 34; *60*, 32.
[191] Vgl. *120*, 84 ff.
[192] S. die gewöhnlich mit Thiers zusammen genannte Revolutionsgeschichte von Mignet (vgl. *73*, 329); für überflüssige Annahmen hält Th. M. Mayer die Quellenvorschläge Adolf Becks.
[193] Vgl. *110*, 101 ff.
[194] Vgl. *110*, 107 und viele andere.
[195] Vgl. *118*, 67.
[196] Vgl. *118*, 14.
[197] Vgl. *119*, 148.
[198] Vgl. *118*, 36 f.
[199] Vgl. *73*, 329; *25*, 120; *118*, 9.
[200] Vgl. *110*, 84.
[201] Vgl. *97*, 92; *110*, 155.
[202] Vgl. *70*, 115.
[203] Vgl. *110*, 165 ff.
[204] Zit. n. *73*, 291 f.; *110*, 75 (A. 8), 135 setzt hier freilich eine unbekannte Quelle an.
[205] Zit. n. *110*, 155.
[206] Zit. n. *73*, 293.
[207] *110*, 155.
[208] Vgl. *59*.
[209] *3*, 28 f.; ausgewertet in: *30*, 376 f.
[210] Vgl. *97*, 22.
[211] Vgl. *97*, 15 f.
[212] Zum Fehlen von Kausalität: *74*, 119; *79*, 99; *44*, 58, 84.
[213] So *122*, 36; *124*, 56.
[214] Vgl. *74*, 119.
[215] Vgl. *74*, 154.
[216] Vgl. *74*, 85, 93.
[217] Vgl. insbes. *47*, 42 und Hans Mayer, „Schillers Vorreden zu den ‚Räubern‘ “, in: H. M., *Von Lessing bis Thomas Mann*, Pfullingen 1959, 134-154.

[218] Vgl. *87; 70*, 76 f.; *27*. Vieles davon ist einfach Gemeingut der zeitgenössischen Diskussion, ließe sich auch schon in Goethes frühen Schriften finden.
[219] Friedrich Schiller, *Die Räuber*, München ^{2}1972, 6, 8.
[220] Vgl. eine im Entstehen begriffene Arbeit von Jochen Hagner: „Georg Büchner und Friedrich Schiller".
[221] Vgl. *72*.
[222] Auf Nodier verweist jetzt nachdrücklich *110*, 165 ff.
[223] Schon 1833 berichtet er von einem Studium der Philosophie, und schon damals zeigt er gemessenen, um nicht zu sagen: juvenil-übermütigen Abstand zu dieser Disziplin: „Ich werfe mich mit aller Gewalt in die Philosophie, die Kunstsprache ist abscheulich, ich meine für menschliche Dinge müsse man auch menschliche Ausdrücke finden; doch das stört mich nicht, ich lache über meine Narrheit und meine es gäbe im Grund genommen doch nichts als taube Nüsse zu knacken" (284).
[224] Vgl. *71*, 404, 411; Tennemanns Philosophiegeschichte hat Büchner während der Arbeit am *Danton* noch einmal entliehen.
[225] Zit. n. *71*, 411.
[226] Zit. n. *71*, 405.
[227] 2, Bd. II, 153.
[228] 2, Bd. II, 268 f.; vgl. *112*.
[229] Vgl. *56*, 112.
[230] 2, Bd. II, 236.
[231] 2, Bd. II, 240; vgl. *24*, 58 f.
[232] Vgl. *56*, 117 f.; 85.
[233] Vgl. z. B. *15; 33; 60*, 10 ff.; *114*
[234] Der Verweis auf Camus findet sich zuerst bei Martens (*67*, 423; dann in *126; 24*, 35, und Grimm (*38*) baut seine Interpretation auf dieser Analogie auf.
[235] Büchner exzerpiert sich antike Philosophie aus Tennemanns Philosophiegeschichte und endet mit Exzerpten aus Epikur; vgl. zum ganzen *104*, 137; *56; 96, pass.*
[236] So *116*, 217.
[237] Vgl. Benno von Wiese, „Die Religion Büchners und Hebbels", in: *Hebbel-Jahrbuch* 15 (1959), 7-29.
[238] Vgl. *17*.
[239] Vgl. *80*, 247.
[240] Vgl. *76*.
[241] Vgl. *80*.
[242] Vgl. 2, Bd. II, 220.
[243] Vgl. *122*, 53 f.
[244] Vgl. *127*.
[245] Gero von Wilpert. *Sachwörterbuch der Literatur*, Stuttgart ^{5}1969, 793.
[246] Düsseldorf 1974, 23, 43, 51 f., 63.
[247] 22, 54 ff.
[248] Thomas von Aquino, *Summa Theologiae*, entn. aus: *Gott und Gottesbilder*, hg. v. Gebhard Neumüller u. Franz W. Niehl, Frankfurt/München 1977, 8.
[249] *68*, 375.
[250] Aus: Wolfgang Wittkowski, „Georg Büchners Ärgernis", in: *JDSG* 178 (1973), 362-383, 371 f.
[251] Die Zusammenstellung orientiert sich im wesentlichen an Th. M. Mayers Büchner-Chronik (s. *71*).

Literaturverzeichnis

1. Ausgaben

(1) Thieberger, Richard: Georg Büchner, La Mort de Danton. Paris 1953

(2) Georg Büchner: Sämtliche Werke und Briefe, hg. v. Werner R. Lehmann. Hamburg 1967 ff.

(3) Becker, Peter von (Hrsg.): Georg Büchner. Dantons Tod. Kritische Studienausgabe des Originals mit Quellen, Aufsätzen und Materialien. Frankfurt ²1985

(4) Georg Büchner: Dantons Tod. Stuttgart 1986

(5) Mayer, Thomas Michael (Hrsg.): Georg Büchner. Gesammelte Werke. Erstdrucke und Erstausgaben. Frankfurt 1987.

2. Bibliographien und Forschungsberichte

(6) Bergemann, Fritz: Entwicklung und Stand der Georg Büchner-Forschung. In: Geistige Arbeit 4 (1937), H. 8, 5-7

(7) –: Georg-Büchner-Schrifttum seit 1937. In: DVjs 25 (1951), 112-121

(8) Grimm, Reinhold: Abschluß und Neubeginn: Vorläufiges zur Büchner-Rezeption und Büchner-Forschung heute. In: Georg Büchner Jahrbuch 2 (1982), 21-40

(9) Knapp, Gerhard P.: Georg Büchner. Eine kritische Einführung in die Forschung. Frankfurt 1975

(10) Knapp, Gerhard P.: Kommentierte Bibliographie zu Georg Büchner. In: Heinz Ludwig Arnold (Hrsg.): Text und Kritik – Sonderband: Georg Büchner I/II. München ²1982, 426-461

(11) Mayer, Thomas Michael: Zu einigen neueren Tendenzen der Büchner-Forschung. Ein kritischer Literaturbericht. 1. Teil in: Heinz Ludwig Arnold (Hrsg.): Text und Kritik – Sonderband: Georg Büchner I/II. München 1979, 327-356; 2. Teil in: Georg Büchner III. München 1981, 265-311

(12) Oppel, Horst: Stand und Aufgaben der Büchner-Forschung. In: Euphorion 49, 1955, 91-109

(13) Petersen, Klaus-Dietrich: Georg-Büchner-Bibliographie. In: Philobiblon 17 (1973), 89-115

(14) Schlick, Werner: Das Georg-Büchner-Schrifttum bis 1965. Eine internationale Bibliographie. Hildesheim 1968

3. Literatur über Büchner

(15) Adler, Hans: Georg Büchner: Dantons Tod. In: Harro Müller-Michaels (Hrsg.): Deutsche Dramen. Interpretationen zu Werken von der Aufklärung bis zur Gegenwart. Bd. I, Königstein 1981, 145-169

(16) Anton, Herbert: Büchners Dramen. Topographien der Freiheit. Paderborn 1975

(17) Anz, Heinrich: „Leiden sey all mein Gewinnst." Zur Aufnahme und Kritik christlicher Leidenstheologie bei Georg Büchner. In: Georg Büchner Jahrbuch 2, 1982, 160-168

(18) Baumann, Gerhart: Georg Büchner. Die dramatische Ausdruckswelt. Göttingen 1961
(19) –: Georg Büchner: Das endlose Drama. In: Ludwig Landgrebe (Hrsg.): Beispiele, FS Eugen Fink, Den Haag 1965, 30-45
(20) Baxandall, Lee: Georg Büchner's „Danton's Death". In: Tulane Drama Review 6 (1961/62), 136-149
(21) Beck, Adolf: Unbekannte französische Quellen für „Dantons Tod" von Georg Büchner. In: JFDH 23 (1963), 489-538
(22) Behrmann, Alfred/Joachim Wohlleben: Büchner: Dantons Tod. Eine Dramenanalyse. Stuttgart 1980
(23) Bell, Gerda E.: Windows: A Study of a Symbol in Georg Büchner's Work. In: GR 47 (1972), 95-108
(24) Benn, Maurice B.: The Drama of Revolt. A Critical Study of Georg Büchner. Cambridge usw. 1976
(25) Bohn, Volker: „Bei diesem genialem Cynismus wird dem Leser zuletzt ganz krankhaft pestartig zu Muthe". Überlegungen zur Früh- und Spätrezeption von „Dantons Tod". In: Heinz Ludwig Arnold (Hrsg.): Text und Kritik – Sonderband: Georg Büchner III. München 1981, 104-130
(26) Braunbehrens, Volkmar: „Aber gehn Sie in's Theater, ich rath' es Ihnen!" Zu „Dantons Tod". In: Georg Büchner Jahrbuch 2, 1982, 286-299
(27) Buck, Theo: „Man muß die Menschheit lieben". Zum ästhetischen Programm Georg Büchners. In: Heinz Ludwig Arnold (Hrsg.), Text und Kritik – Sonderband Georg Büchner III, München 1981, 15-34
(28) Chamberlain, Timothy J.: Signs of Friendship: The Function of Hérault in „Dantons Tod". In: Monatshefte 80, 1988, 200-210
(29) David, Claude: Danton von Büchner aus gesehen. In: Wolfgang Martens (Hrsg.): Georg Büchner. Darmstadt [3]1973, 323-333
(30) Dedner, Burghard: Legitimationen des Schreckens in Georg Büchners Revolutionsdrama. In: JDSG 29 (1985), 343-380
(31) Döhner, Otto: Neuere Erkenntnisse zu Georg Büchners Naturauffassung und Naturforschung. In: Georg Büchner Jahrbuch 2, 1982, 126-132
(32) Durzak, Manfred: Lessing und Büchner: Zur Kategorie des Politischen. In: Edward P. Harris u. Richard E. Schade (Hrsgg.): Lessing in heutiger Sicht. Bremen/Wolfenbüttel 1977, 279-306
(33) Eibl, Karl: „Ergo totgeschlagen". Erkenntnisgrenzen und Gewalt in Büchners „Dantons Tod" und „Woyzeck". In: Euphorion 75 (1981), 411-429
(34) Fischer, Heinz: Acedia und Landschaft in den Dramen Georg Büchners. München 1955
(35) –: Heinrich Heine und Georg Büchner. Zu Büchners Heine-Rezeption. In: Heine-Jahrbuch 10 (1971), 43-51
(36) Geerdts, Hans Jürgen: Georg Büchners Volksauffassung. In: WB 9 (1963), 642-649
(37) Gnüg, Hiltrud: Georg Büchner. In: Walter Hinck (Hrsg.): Handbuch des deutschen Dramas. Düsseldorf 1980, 286-300
(38) Grimm, Reinhold: Love, Lust, and Rebellion. New Approaches to Georg Büchner. Madison/London 1985

(39) –: Spiel und Wirklichkeit in einigen Revolutionsdramen. In: Basis 1 (1970), 49-93
(40) Gunkel, Richard: Georg Büchner und der Dandysmus. Utrecht 1953
(41) Hauschild, Jan-Christoph: Georg Büchner. Studien und neue Quellen zu Leben, Werk und Wirkung. Frankfurt 1985
(42) –: Büchner, Gutzkow ... und Heine. In: Heine-Jahrbuch 26 (1987), 223-238
(43) Heckmann, Herbert (Hrsg.): Büchner-Preis-Reden 1972-1983. Stuttgart 1984
(44) Helbig, Louis Ferdinand: Das Geschichtsdrama Georg Büchners. Zitatprobleme und historische Wahrheit in „Dantons Tod". Bern/Frankfurt 1973
(45) Heselhaus, Clemens: Dantons Fluchtversuch („Dantons Tod" II, 3-5). In: Georg Büchner Jahrbuch 2, 1982, 300-315
(46) Hinck, Walter: Georg Büchner. In: Benno von Wiese (Hrsg.): Deutsche Dichter des 19. Jahrhunderts. Ihr Leben und Werk. Berlin 1969, 200-222
(47) Hinderer, Walter: Büchner-Kommentar zum dichterischen Werk. München 1977
(48) –: „Wir stehen immer auf dem Theater, wenn wir auch zuletzt im Ernst erstochen werden": Die Komödie der Revolution in Büchners ‚Dantons Tod'. In: W. H.: Über deutsche Literatur und Rede. Historische Interpretationen. München 1981, 191-199
(49) Höllerer, Walter: Büchner: Dantons Tod. In: Benno von Wiese (Hrsg.): Das deutsche Drama vom Barock bis zur Gegenwart. Düsseldorf ²1964, 65-88
(50) –: Zwischen Klassik und Moderne. Lachen und Weinen in der Dichtung einer Übergangszeit. Stuttgart 1958
(51) Horn, Peter: „Ich meine für menschliche Dinge müsse man auch menschliche Ausdrücke finden". Die Sprache der Philosophie und die Sprache der Dichtung bei Georg Büchner. In: Georg Büchner Jahrbuch 2 (1982), 209-226
(52) (Institut Mathildenhöhe u. a., Hrsg.): Georg Büchner: 1813-1837. Revolutionär, Dichter, Wissenschaftler. Der Katalog. Basel/Frankfurt 1987
(53) James, Dorothy: Georg Büchner's „Dantons Tod": London 1982
(54) Jancke, Gerhard: Georg Büchner. Genese und Aktualität seines Werkes. Königstein ³1979
(55) Johann, Ernst (Hrsg.): Büchner-Preis-Reden 1951-1971. Stuttgart ²1981
(56) Kahl, Joachim: „Der Fels des Atheismus". Epikurs und Georg Büchners Kritik an der Theodizee. In: Georg Büchner Jahrbuch 2, 1982, 99-125
(56a) Klotz, Volker: Geschlossene und offene Form im Drama. München ²1962
(57) Knapp, Gerhard P.: Georg Büchner, Stuttgart 1977
(58) –: „Dantons Tod". Die Tragödie des Jakobinismus. In: DD 17 (1986), 581-598
(59) –: Robespierre. Prolegomena zu einer Stoffgeschichte der Französischen Revolution. In: Adam J. Bisanz u. Raymond Trousson (Hrsgg.): Elemente der Literatur. FS Elisabeth Frenzel. Stuttgart 1980, 129-154
(60) Kobel, Erwin: Georg Büchner. Das dichterische Werk. Berlin/New York 1974
(61) Koopmann, Helmut: Dantons Tod und die antike Welt. Zur Geschichtsphilosophie Georg Büchners. In: ZfdPh 84 (1965), Sonderheft, 22-41
(62) Krapp, Helmut: Der Dialog bei Georg Büchner. München ²1970
(63) Landsberg, Hans: Georg Büchners Drama „Dantons Tod", Berlin 1900
(64) Lehmann, Werner R.: Textkritische Noten. Prolegomena zur Hamburger Büchner-Ausgabe. Darmstadt 1967

(65) –: Robespierre – „ein impotenter Mahomet“? Geistes- und wirkungsgeschichtliche Beglaubigung einer neuen textkritischen Lesung. In: Euphorion 57 (1963), 210-217
(66) Lukács, Georg: Der faschistisch verfälschte und der wirkliche Georg Büchner. In: Wolfgang Martens (Hrsg.): Georg Büchner. Darmstadt ^{3}1973, 197-224
(67) Martens, Wolfgang: Ideologie und Verzweiflung. Religiöse Motive in Büchners Revolutionsdrama. In: Ibid., 406-442
(68) –: Zum Menschenbild Georg Büchners. „Woyzeck“ und die Marionszene in „Dantons Tod“. In: Ibid., 373-385
(69) Mayer, Hans: Georg Büchner und seine Zeit. Frankfurt ^{2}1972
(70) Mayer, Thomas Michael: Büchner und Weidig – Frühkommunismus und revolutionäre Demokratie. In: Heinz Ludwig Arnold (Hrsg.): Text und Kritik – Sonderband Georg Büchner I/II. München 1979, 16-298
(71) –: Georg Büchner. Eine kurze Chronik zu Leben und Werk. In: Ibid., 357-425
(72) –: „Wegen mir könnt Ihr ganz ruhig sein ...“. Die Argumentationslist in Georg Büchners Briefen an die Eltern. In: Georg Büchner Jahrbuch 2 (1982), 249-280
(73) –: Zur Revision der Quellen für „Dantons Tod“ von Georg Büchner. In: Studi Germanici 7 (1969), 287-336; 9 (1971), 223-233
(74) Meier, Albert: Georg Büchners Ästhetik. München o. J.
(75) Michelsen, Peter: Die Präsenz des Endes. Georg Büchners „Dantons Tod“. In: DVjs 52 (1978), 476-495
(76) Moser, Samuel: Robespierre, die Ausgeburt eines Kantianers. In: Heinz Ludwig Arnold (Hrsg.): Text und Kritik – Sonderband: Georg Büchner III. München 1981, 131-149
(77) Mühlher, Robert: Georg Büchner und die Mythologie des Nihilismus. In: Wolfgang Martens (Hrsg.): Georg Büchner. Darmstadt ^{3}1973, 252-288
(78) Nagel, Ivan: Verheißungen des Terrors. Vom Ursprung der Rede des Saint Just in „Dantons Tod“. In: I. N.: Gedankengänge als Lebensläufe. Versuche über das 18. Jahrhundert. München 1987, 107-133
(79) Paul, Ulrike: Vom Geschichtsdrama zur politischen Diskussion. Über die Desintegration von Individuum und Geschichte bei Georg Büchner und Peter Weiß. München 1974
(80) Petersen, Jürgen H.: Die Aufhebung der Moral im Werk Georg Büchners. In: DVjs 47 (1973), 245-266
(81) Pongs-Andersson, Frieda: Die Tragödie Georg Büchners. Marburg 1975 [zuerst 1916]
(82) Poschmann, Henri: Georg Büchner. Dichtung der Revolution und Revolution der Dichtung. Berlin/Weimar 1983
(83) –: Heine und Büchner. In: Akademie der Wissenschaften der DDR (Hrsg.): Heinrich Heine und die Zeitgenossen. Berlin/Weimar 1979, 203-228, 320-322
(84) Poster, Hermann David: Geistiger Gehalt und dramatischer Aufbau in „Dantons Tod“ von Georg Büchner. Diss. [masch.] New York 1948
(85) Proß, Wolfgang: Natur-, religions- und geschichtsphilosophische Positionen. Spinoza, Herder, Büchner: Über „Gesetz“ und „Erscheinung“. In: Georg Büchner Jahrbuch 2 (1982), 62-98

(86) Reddick, John: Mosaic and Flux: Georg Büchner and the Marion Episode in „Dantons Tod". In: OGS 11 (1908), 40-67
(87) Requadt, Paul: Zu Büchners Kunstanschauung: das „Niederländische" und das Groteske, Jean Paul und Victor Hugo. In: P. R.: Bildlichkeit der Dichtung. München 1974, 106-138
(88) Rey, William H.: Georg Büchners ‚Dantons Tod'. Revolutionstragödie und Mysterienspiel. Bern usw. 1982
(89) Roche, Reinhard: stilus demagogicus. Beobachtungen an Robespierres Rede im Jakobinerclub (Georg Büchner „Dantons Tod"). In: WW 14 (1964), 244-254
(90) Rosshoff, Hartmut: ‚Körpersprache' bei Büchner. In: Georg Büchner Jahrbuch 2 (1982), 157-169
(91) Schaub, Gerhard: Georg Büchner: Poeta rhetor. Eine Forschungsperspektive. In: Georg Büchner Jahrbuch 2 (1982), 170-195
(92) –: Georg Büchner und die Schulrhetorik. Untersuchungen und Quellen zu seinen Schülerarbeiten. Bern/Frankfurt 1975
(93) Scheuer, Erwin: Akt und Szene in der offenen Form des Dramas dargestellt an den Dramen Georg Büchners. Berlin 1929
(94) Schmidt, Henry J.: Satire, Caricature, and Perspectivism in the Works of Georg Büchner. Den Haag/Paris 1970.
(95) Schonauer, Franz: Das Drama und die Geschichte. Versuch über Georg Büchner. In: DR 87 (1961), 533-550
(96) Segebrecht-Paulus, Ursula: Genuß und Leid im Werk Georg Büchners. Mainz 1969
(97) Sieß, Jürgen: Zitat und Kontext bei Georg Büchner. Eine Studie zu den Dramen „Dantons Tod" und „Leonce und Lena". Göppingen 1975
(98) Smeed, J. W.: Jean Paul und Georg Büchner. In: Hesperus 22, Okt. 1961, 29-37
(99) Szondi, Peter: Dantons Tod. In: NR 71 (1960), 652-657
(100) Thorn-Prikker, Jan: Revolutionär ohne Revolution. Interpretationen der Werke Büchners. Stuttgart 1978
(101) Ueding, Cornelie: „Dantons Tod – Drama der unmenschlichen Geschichte. In: Walter Hinck (Hrsg.): Geschichte als Schauspiel. Deutsche Geschichtsdramen. Interpretationen. Frankfurt 1981, 216-226
(102) –: Denken Sprechen Handeln. Aufklärung und Aufklärungskritik im Werk Büchners. Bern/Frankfurt 1976
(103) Ullmann, Bo: Die sozialkritische Thematik im Werk Georg Büchners und ihre Entfaltung im „Woyzeck". Stockholm 1972
(104) Viëtor, Karl: Georg Büchner. Politik, Dichtung, Wissenschaft. Bern 1949
(105) –: Die Quellen von Büchners Drama „Dantons Tod". In: Euphorion 34 (1933), 367-379
(106) Vietta, Silvio: Neuzeitliche Rationalität und moderne literarische Sprachkritik. Descartes, Georg Büchner, Arno Holz, Karl Kraus. München 1981
(107) –: Selbsterfahrung bei Büchner und Descartes. In: DVjs 55 (1979), 417-428
(108) –: Sprachkritik bei Büchner. In: Georg Büchner Jahrbuch 2 (1982), 144-156
(109) Weiss, Walter: Enttäuschter Pantheismus. Zur Weltgestaltung der Dichtung in der Restaurationszeit. Dornbirn 1962

(110) Wender, Herbert: Georg Büchners Bild der Großen Revolution. Zu den Quellen von „Dantons Tod". Frankfurt 1988
(111) Werner, Fritz: Georg Büchners Drama „Dantons Tod" und das Problem der Revolution. In: Die Welt als Geschichte 12 (1952), 167-176
(112) Wessell, Leonhard P.: Eighteenth-Century Theodicy and the Death of God in Büchner's „Dantons Tod". In: Seminar 8 (1972), 198-218
(113) Wetzel, Heinz: Ein Büchnerbild der siebziger Jahre. In: Heinz Ludwig Arnold (Hrsg.): Text und Kritik – Sonderband: Georg Büchner III. München 1981, 247-264
(114) –: „Dantons Tod" und das Erwachen von Büchners sozialem Selbstverständnis. In: DVjs 50 (1976), 434-448
(115) Wissing-Nielsen, V.: Zur Datierung eines Büchner-Briefes. In: Orb. litt. 12 (1957), 104-106
(116) Wittkowski, Wolfgang: Georg Büchner. Persönlichkeit, Weltbild, Werk. Heidelberg 1978
(117) Zeller, Rosemarie: Das Prinzip der Äquivalenz bei Büchner. Untersuchungen zur Kompositon von „Dantons Tod" und „Leonce und Lena". In: Sprachkunst 5 (1974), 211-230
(118) Zöllner, Bernd: Büchners Drama „Dantons Tod" und das Menschen- und Geschichtsbild in den Revolutionsgeschichten von Thiers und Mignet. Kiel 1972

4. Didaktisches und Sonstiges

(119) Fehrenbach, Elisabeth: Vom Ancien Régime zum Wiener Kongreß. München ^{2}1986
(120) Furet, Francois und Denis Richet: Die Französische Revolution. Frankfurt ^{2}1989
(121) Jansen, Josef (Hrsg.): Georg Büchner: Dantons Tod. Das Zeitalter der Restauration und die Literatur des „Jungen Deutschland". Düsseldorf 1978
(122) Jansen, Josef (Hrsg.): Georg Büchner. Dantons Tod. Stuttgart ^{2}1981
(123) Kinne, Norbert: Stundenblätter „Dantons Tod". Stuttgart ^{2}1987
(124) Knapp, Gerhard P.: Georg Büchner: Dantons Tod. Frankfurt ^{2}1987
(125) –: Neuere Büchner-Literatur für den fachdidaktischen Gebrauch. In: DD 92 (1986), 568-580
(126) Poseck, Udo: Georg Büchner: „Dantons Tod". Beispiel einer Drameninterpretation in einer Arbeitsgemeinschaft. In: WW 12 (1962), 345-370
(127) Selge, Martin: „Dantons Tod" in der Schule. Lehrer und Schüler berichten aus Schulstunden über Büchners Drama. In: Georg Büchner Jahrbuch 5 (1985), 218-274
(128) Solms, Wilhelm: Büchners Tod in aktuellen Unterrichtsmodellen. In: Georg Büchner Jahrbuch 5 (1985), 198-217
(129) Spieß, Reinhard F.: Aufsatz: Wie ich einmal beim Flickschustern zuschaute. Eine Anmerkung zum Verhältnis von Büchner-Forschung und Literaturdidaktik. In: Georg Büchner Jahrbuch 1 (1981), 267-274
(130) Sudau, Ralf: Annäherungen an Büchners „Lenz". Ein Unterrichtsmodell in einem Grundkurs der Jahrgangsstufe 12. In: DD 92 (1986), 641-662

Zeittafel zu Leben und Werk[251]

1813, 17. Oktober: Karl Georg Büchner in Goddelau geboren.

1816: Übersiedlung der Familie nach Darmstadt.

1820: Beginn des Elementarunterrichts durch die Mutter.

1822 bis 1825: Besuch der „Privaterziehungs- und Unterrichtsanstalt für Knaben" von Dr. Carl Weitershausen.

1825, 25. März: Eintritt in die Tertia des Darmstädter „Pädagogs", eines traditionsreichen humanistischen Gymnasiums. Einige der stark an Mustern orientierten Aufsätze und Diktate aus dieser Zeit sind erhalten, ebenso das Fragment eines dem Vater gewidmeten Gedichtes.

1828, Frühjahr: Bildung eines Schülerzirkels mit literarischen, später politischen Ambitionen, aus dem nachher verschiedene Mitglieder der „Gesellschaft der Menschenrechte" hervorgehen. Um den Jahreswechsel Gelegenheitsgedichte im Geist der Spätromantik, erste Anzeichen der Weltschmerz- und *vanitas*-Thematik.

1829: Begeisterung für Shakespeare; Diskussion metaphysischer und weltanschaulicher Fragen; eher eklektizistische Rede über den „Helden-Tod der vierhundert Pforzheimer".

1830, 29. September: „Rede zur Verteidigung des Kato von Utika"; vermutlich im Winter Rezension „Über den Selbstmord"; darin achristliche Tendenzen (Selbstzweck des Lebens; Erklärung und Rechtfertigung des Selbstmordes aus den historischen Umständen); Bestätigung des wachsenden Skeptizismus durch die Mitschüler.

1831, 30. März: Abiturientenrede in lateinischer Sprache, in der Menenius Agrippa „das auf dem heiligen Berg gelagerte Volk zur Rückkehr nach Rom" mahnt. Reifezeugnis, das ein u. a. „vorzügliches Interesse" „für die teutschen Lektionen" attestiert.

9. November: Immatrikulation an der Universität Straßburg, Einquartierung beim Pfarrer J. J. Jaeglé, dessen Tochter Minna seine (zunächst) heimliche Geliebte wird, *imitatio* Goethes; Kontakt mit der ursprünglichen Theologenverbindung „Eugenia", deren ständiger Gast Büchner wird und in der seine politischen Anschauungen über den „Kampf der Freiheit in Deutschland" und über soziale Fragen ausbreitet („das Unnatürliche unseres gesellschaftlichen Zustandes, besonders in Beziehung auf Reich u. Arm").

4. Dezember: Einzug der polnischen Aufständischen unter General Ramorino (vgl. 273).

1832, August: während der Semesterferien Aufenthalt in Darmstadt; **28. Oktober** Rückkehr nach Straßburg, anatomische Präparationen.

1833, 3. April: Frankfurter Wachensturm, den Büchner gegenüber den Eltern im Hinblick auf seine Durchführung und den Zeitpunkt kritisiert, während er die Gewalt für das einzig wirksame Hilfsmittel erklärt (vgl. 278). Umstritten ist die

Auseinandersetzung mit dem Neobabouvismus. Im Juli Wanderung durch die Vogesen, im August Rückkehr nach Darmstadt, im Oktober Besuch A. Mustons in Darmstadt, Diskussion über Saint-Simonismus u. a.; am **31. Oktober** Immatrikulation in Gießen, wo er das Studium, wie vorgeschrieben, beenden wird. Dem Prorektor Wernekinck verdankt er seine Fähigkeit im Präparieren, dem vertrottelten naturphilosophisch-romantisch orientierten Wilbrand Anregungen für den Doktor des *Woyzeck*. Büchner leidet unter der Trennung von Straßburg, den Freunden, der Braut; „Anfall von Hirnhautentzündung", Wiederherstellung in Darmstadt, Beschäftigung mit der Philosophie, über deren „Kunstsprache" (284) er spottet.

1834, Januar: Wiederaufnahme der Studien in Gießen; Bekanntschaft mit dem oppositionellen Rektor Friedrich Weidig, dem späteren Mitautor des *Hessischen Landboten*. Ende Februar und Anfang März Klagen über Isolation, psychophysische Krise, Studium der Revolutionsgeschichten. Nach dem 9. bis 12. März Gründung der „Gesellschaft der Menschenrechte", zu der auch vier gerade aus dem Gefängnis entlassene Wachenstürmer gehören. Zur gleichen Zeit oder früher (?) *Fatalismusbrief*, der auf die Krise wohl schon zurückschaut. Vermutlich zwischen dem **13. und 25. März** Entwurf der später *Hessischer Landbote* genannten revolutionären Flugschrift. Über Ostern Besuch bei der Braut, Bekanntgabe des Verlöbnisses, Verärgerung der Eltern; Erfahrungen mit revolutionärer Agitation in Straßburg, wahrscheinlich Gespräche über fundamentaltheologische Fragen mit August Stöber, dessen Dissertation sich mit der Offenbarung Gottes in der Natur wie dem Verhältnis von Gott und Natur beschäftigt, einem Problem in der Tradition Spinozas, das die Philosophen in der Conciergerie beschäftigen wird. Am **28. April** Beginn des Sommersemesters in Gießen. Im Mai überarbeitet Weidig Büchners Entwurf des *Landboten*, gibt ihm den Titel und versieht ihn mit einem „Vorbericht". Am **3. Juli** Versammlung der hessen-darmstädtischen und kurhessischen Oppositionellen in der Badenburg bei Gießen mit Beratungen über die Form der Agitation und der zentralen Diskussion zwischen Büchner und Weidig, nach der Weidigs Fassung akzeptiert und zwischen dem 5. und 9. Juli von Büchner und Schütz in Botanisiertrommeln zum Druck befördert wird. Minigerode u. a. holen am 31. Juli die gedruckten Exemplare ab, am **1. August** schon erfolgt die Denunziation durch Johann Kuhl, in ihrem Gefolge Minnigerodes Verhaftung. Büchner warnt die Freunde in Butzbach und Offenbach, während am 4. August der Universitätsrichter Georgi sein Zimmer durchsuchen und Schriftsachen beschlagnahmen läßt. Büchner protestiert am 5. August in aller Form gegen dieses Vorgehen und verunsichert Georgi durch seine Bestimmtheit so, daß die drohende Verhaftung entfällt. Bis in den September hinein werden Exemplare der Flugschrift verbreitet, Büchner reaktiviert die „Gesellschaft der Menschenrechte" in Darmstadt; Minna Jaeglé besucht ihn dort. Zwischen dem 1. und 19. Oktober entleiht Büchner aus der Hofbibliothek Thiers' Revolutionsgeschichte, Tennemanns *Grundriß* der Philosophiegeschichte, Werke von Chénier und Mercier. Ansonsten betätigt er sich im Laboratorium des Vaters, beteiligt sich an Waffenübungen, macht Pläne zur Befreiung der politischen Gefangenen. Im **November** erscheint eine zweite, veränderte Auflage des *Landboten*, die zwischen Dezember und März verbreitet wird. Im **Dezember** entleiht Büchner die *Galerie historique* und Merciers *Le nouveau Paris*.

1835: Im Januar Häufung von Verhören der Mitglieder der „Gesellschaft", vermutlich seit **Mitte Januar** Arbeit an der endgültigen Fassung von *Dantons Tod* (Büchners Behauptung gegenüber Gutzkow, er habe das Drama „in höchstens fünf Wochen" (297) geschrieben, kann sich schwerlich auf den gesamten Prozeß beziehen). „Angst" und „Aufregung" (so Ludwig Büchner) sind die dominanten Gefühle während der Abfassung, so daß Bücher **Anfang März** nach Frankreich flieht, am 9. März als Jacques Lucius die französische Grenze überschreitet und in Straßburg unter verschiedenen Deckadressen lebt. Gutzkow, der am 23./24. Februar das Manuskript des *Danton* erhält, reagiert enthusiasmiert und umgehend, apostrophiert Büchner als verstecktes Genie (vgl. 335), läßt in der Zeitschrift *Phönix* einen gekürzten, kastrierten und mit verbindenden Zwischentexten versehenen Vorabdruck erscheinen (26. März bis 7. April) und empfiehlt es Sauerländer zum Druck, der die ebenfalls kastrierte Buchausgabe mit dem entstellenden Untertitel „Dramatische Bilder aus Frankreichs Schreckensherrschaft" bis Juli fertiggestellt hat. Im **April** Verhaftungen weiterer Freunde, darunter Weidigs; im **Mai** Pläne zum *Lenz*, Arbeit an der Übersetzung von Victor Hugos *Maria Tudor* und *Lucretia Borgia* (die im Oktober veröffentlich werden). In verschiedenen Blättern erscheinen am **18., 23. und 27. Juni** Steckbriefe gegen Büchner. Im **Oktober** Pläne, mit einer Arbeit philosophischen oder naturphilosophischen Inhaltes (vgl. 310) in Zürich die *venia legendi* zu erhalten. Weiterhin Beschäftigung mit Lenz und Lenz-Materialien, Beginn der Niederschrift des *Lenz*. Im Winter philosophische Studien und Fischpräparationen.

1836, 16. Januar: Ausschreibung der Cotta'schen Buchhandlung zu einem Lustspiel (Einsendeschluß 1. Juli, dann verlängert bis Ende August), Büchner arbeitet daran im Juni; das Manuskript erreicht den Verlag jedoch zu spät und wird ungeöffnet zurückgesandt. Im **April und Mai** trägt Büchner vor der „Société d'histoire naturelle" sein *Mémoire sur le système nerveux du barbeau* vor und wird in die Gesellschaft als korrespondierendes Mitglied aufgenommen. Nach der Überarbeitung erscheint die Abhandlung im zweiten Band der *Mémoires de la Société du Museum d'Histoire Naturelle de Strasbourg* (Paris 1835[7]), wofür ihm die Universität Zürich am 3. September die philosophische Doktorwürde erteilt. Im **Sommer** Besuch der Mutter und der Schwester Mathilde in Straßburg, Arbeit an *Leonce und Lena* und *Woyzeck*. Am **18. Oktober** Einreise in die Schweiz, wohl ab November Exzerpte aus Spinoza und Descartes in Vorbereitung einer Vorlesung über deutsche Philosophiegeschichte, am **5. November** erfolgreiche Probevorlesung *Über Schädelnerven*, Aufnahme in die Fakultät als Privatdozent. Im Wintersemester Vorlesung über vergleichende Anatomie der Fische und Amphibien. Über das legendäre Manuskript eines *Aretino* gibt es nur Vermutungen.

1837: Ende Januar (?) teilt Büchner den Plan mit, „in längstens acht Tagen" (326) *Leonce und Lena* mit zwei weiteren Dramen erscheinen zu lassen. Am 20. Januar berichtet er von einer Erkältung, erkrankt am **2. Februar** manifest, Caroline Schulz beobachtet am 8. Hirnschädigung, am 14. Tremor und Delirium, „religiöse Phantasieen", am 15. Typhus-Diagnose (später Vergiftungshypothese), Auslieferungsängste, am 16. Myokarditis, die ‚letzten' Worte: „Wir haben der Schmerzen nicht zu viel, wir haben ihrer zu wenig, denn durch den Schmerz gehen wir zu

Gott ein!" – „Wir sind Tod, Staub, Asche, wie dürfen wir klagen?" (391), am 17. Eintreffen der Braut, am 19., halb vier Uhr nachmittags Tod. Am **21. Februar** Beisetzung auf den Zürcher Friedhof „Krautgarten".

1875, 4. Juni: Umbettung auf den „Germaniahügel" („Rigiblick").

Werke

1834	*Der Hessische Landbote.* Revolutionäre Flugschrift
1835/36	Arbeit an naturwissenschaftlichen und philosophischen Schriften
1835	*Dantons Tod.* Drama
	Arbeit an *Lenz* (Novellenfragment)
	Übersetzung von Victor Hugos *Lucretia Borgia* und *Maria Tudor*
1836	Arbeit an *Leonce und Lena* (Lustspiel)
	Arbeit an *Woyzeck* (Dramenfragment)

Posthume Veröffentlichungen

1837	*Mémoire sur le Système Nerveux du Barbeau* (fälschlich 1835 datiert)
1838	*Leonce und Lena* in Gutzkows *Telegraph für Deutschland*
1839	*Lenz* in Gutzkows *Telegraph für Deutschland*
1850	*Nachgelassene Schriften* (ohne *Woyzeck*), hg. v. Ludwig Büchner
1878	erste vollständige Veröffentlichung von *Woyzeck (Wozzeck)*
1879	*Erste kritische Gesammt-Ausgabe*, hg. v. Karl Emil Franzos

Erstaufführungen

1895	*Leonce und Lena* (Intimes Theater, München)
1902	*Dantons Tod* (Freie Volksbühne, Berlin)
1913	*Woyzeck* (Residenztheater München)